AF250437

GÉOGRAPHIE COMMERCIALE

DES

COLONIES FRANÇAISES

GÉOGRAPHIE COMMERCIALE

DES

COLONIES FRANÇAISES

PAR

M. Ch. COMBETTE

Officier supérieur en Retraite.

GÉOGRAPHIE PHYSIQUE. — RACES INDIGÈNES.
PRODUCTIONS DU SOL. — STATISTIQUE. — INDUSTRIE.
COMMERCE. — NAVIGATION. — CONDITIONS DE L'EXISTENCE.
CLIMAT. — HYGIÈNE. — COMMUNICATIONS.

PARIS

AUGUSTIN CHALLAMEL, ÉDITEUR
LIBRAIRIE COLONIALE
5, rue Jacob, et rue de Furstenberg, 2

1890

AVANT-PROPOS

La France a des possessions coloniales fort étendues dans les différentes parties du monde ; ce sont en quelque sorte des prolongements de la mère-patrie. Ce petit livre a pour objet de faire connaître nos colonies à tous ceux que leur profession ou leurs intérêts appellent dans ces colonies, et surtout aux émigrants qui vont chercher dans ces pays neufs le bien-être ou la fortune.

La France a été une grande puissance coloniale. Des guerres désastreuses nous ont fait perdre dans le siècle dernier le Canada et les Indes ; au commencement du XIXe siècle la Louisiane et Haïti ; les traités de 1815 ont encore réduit notre domaine d'outre-mer. Mais, une grande nation comme la France ne saurait maintenir sa situation dans le monde en se restreignant à son territoire européen ; les intérêts de son commerce lui commandent de se créer de nouveaux débouchés, et son influence morale ne peut s'exercer et s'étendre que par la diffusion de sa langue et de ses idées. C'est un apostolat qui a fait sa gloire dans le passé et qu'elle ne peut déserter.

Les divers gouvernements qui se sont succédé pendant ce siècle l'ont bien compris. La Restauration a commencé la conquête de l'Algérie, et la monarchie de Juillet l'a achevée ; le second Empire a augmenté notre domaine colonial de la Cochinchine, du Cambodge et de la Nouvelle-Calédonie ; le gouvernement actuel y a ajouté le Tonkin, l'Annam, Madagascar et la Tunisie. C'est à nous de tirer profit de cet immense empire, à nous d'y faire pénétrer notre langue, nos mœurs, nos idées, notre religion.

Nous avons eu le génie de la colonisation : ce qu'étaient le Canada et Haïti sous la domination française en témoigne assez. La situation florissante de l'Algérie prouve que nous avons encore ces grandes qualités qui font le colonisateur, et, ce qui est particulier au génie de la France, c'est que nous savons les allier avec le respect du droit des indigènes.

Nous pénétrons dans leur pays pour utiliser les richesses naturelles du sol et leur apprendre à le faire ; nous ne nous enrichissons qu'en les enrichissant eux-mêmes. Partout où nous allons, au bout de quelques années le bien-être s'accroît et la population indigène augmente. C'est l'honneur éternel de la France d'élever jusqu'à elle ces peuples d'une civilisation inférieure au lieu de les exterminer comme font d'autres nations.

Allez donc dans les Colonies, esprits aventureux auxquels les liens et les devoirs de notre vieille société semblent trop lourds ; allez-y, vous qui, avec de l'énergie et l'amour du travail, êtes cependant écrasés dans la lutte pour la vie ; partez, si vous êtes jeunes encore, avec des bras solides, l'esprit d'ordre et la volonté d'arriver. Vous reviendrez plus tard retrouver le clocher du pays natal et la maison paternelle pour jouir au milieu de vos concitoyens de l'aisance que vous aurez honorablement acquise après avoir été utiles à votre pays.

GÉOGRAPHIE COMMERCIALE

DES

COLONIES FRANÇAISES

COLONIES D'AFRIQUE

La France possède des Colonies sur les côtes Nord, Ouest et Est de l'Afrique.

COTES NORD. — Les possessions françaises sur la côte Nord de l'Afrique sont l'Algérie et la Tunisie.

L'Algérie est une Colonie et la Tunisie un pays de protectorat.

Des ouvrages spéciaux, nombreux et très bien faits donnant sur ces deux pays tous les renseignements désirables, nous ne les citons que pour mémoire.

COTES OUEST. — Les possessions françaises sur la côte Ouest de l'Afrique forment trois groupes bien distincts :

1° Le Sénégal et ses dépendances ;

2° Les établissements de la côte septentrionale du Golfe de Guinée ;

3° L'Ouest-Africain (Gabon et Congo).

Nous allons les décrire successivement en présentant toujours dans le même ordre les renseignements qui concernent chacun de ces groupes.

SÉNÉGAL ET DÉPENDANCES

**Géographie physique. — Limites.
Superficie. — Nature et configuration du sol.**

Les premiers établissements français au Sénégal datent de 1626.

La côte occidentale de l'Afrique est française sans interruption depuis le cap Blanc (21ᵉ degré de latitude nord) jusqu'à la pointe de Sangomar (14ᵉ degré de latitude nord), au-dessous de la rivière du Saloum, c'est-à-dire sur une étendue de 800 kil., à peu près égale à celle qui sépare Brest de Bayonne.

Cette côte, depuis le cap Blanc jusqu'à l'embouchure du fleuve Sénégal, est basse, sablonneuse et sur quelques points entourée de récifs, tels que ceux du banc d'Arguin où la frégate *la Méduse* s'est perdue en 1816. On n'y trouve que de rares torrents et quelques marigots ou lacs d'eau saumâtre. Il n'y a ni ports ni rades. L'intérieur du pays est fort aride, à l'exception de quelques oasis dont les principales sont l'Adrar et le Tagant. Des Maures nomades parcourent le pays ; ils vivent de leurs troupeaux et du tribut qu'ils imposent aux caravanes chargées de sel et de gomme. Aucune colonisation n'y est possible.

Vers le 16ᵉ degré de latitude nord, on rencontre le fleuve Sénégal qui a donné son nom au pays. Ce fleuve prend sa source au mont Timbo sous le nom de Bafing ; il coule d'abord du sud au nord, reçoit un fort affluent de droite appelé le Bakhoy, prend, à partir de cet endroit, la direction sud-est nord-ouest, reçoit un important affluent de gauche, la Falémé, et se jette dans la mer par plusieurs embouchures ensablées et coupées d'îles sur l'une desquelles se trouve le chef-lieu de la colonie : Saint-Louis.

Le parcours total du fleuve est d'environ 2.400 km., c'est-à-dire plus du double de la Loire et à peu près égal au Danube.

Le Sénégal est navigable en toute saison, pour des bâtiments d'assez fort tonnage, de Saint-Louis à Podor (200 km.) et, en outre, pendant les quatre mois de la saison des pluies, jusqu'à Médine (600 km.).

A l'exception des frontières maritimes qui sont précises, il n'est pas possible d'indiquer exactement les limites de notre domination au Sénégal.

A l'ouest, la colonie est limitée par la mer ; au nord, nous n'avons qu'une autorité nominale sur les tribus maures qui vivent sur la rive droite du fleuve ; à l'est, notre domination franchit le bassin du Sénégal et s'étend sans limites précises jusqu'à celui du Niger ; au sud, la frontière de la colonie peut être indiquée par une ligne courbe partant de Siguiri sur le Niger et rejoignant la mer à la pointe de Sangomar ; l'étendue de cette ligne est d'environ 2.000 km.

La superficie de la colonie, en dehors des Rivières du Sud dont nous parlerons tout à l'heure, peut être évaluée à 250.000 kilom. carrés, c'est-à-dire à la moitié de celle de la France.

Depuis longtemps, le général Faidherbe, qui fut gouverneur du Sénégal de 1854 à 1865, avait indiqué que l'avenir de cette grande contrée était dans son extension à l'est vers l'immense bassin du Niger ; le programme qu'il a tracé a été suivi, et, en 1883, le colonel Borgnis-Desbordes a arboré le drapeau français sur les rives du Niger ; deux forts ont été construits : l'un à Bamakou, l'autre à Siguiri, et une canonnière à vapeur, aux couleurs nationales, sillonne le grand fleuve. Une route carrossable d'environ 400 km. fait communiquer Bafoulabé sur le Sénégal avec Bamakou sur le Niger ; un fil télégraphique longe cette route et aboutit à Saint-Louis.

Il s'agit de détourner, au profit de la colonie, l'immense commerce du Soudan occidental qui se porte actuellement de Timboucton au Maroc ou en Tripolitaine. Ce commerce, difficile à évaluer, ne peut cependant pas être inférieur à deux ou trois cents millions de francs, et les objets d'échange, transportés à dos de chameau, doivent traverser le Sahara au milieu des tribus pillardes des Maures et des Touaregs. Ces caravanes ne mettent pas moins de 200 jours pour exécuter ce long trajet ; par la voie de terre et la voie fluviale, de Bamakou à Saint-Louis, le trajet ne dépasserait pas 40 jours. Il y aurait donc là un avantage énorme au double point de vue de la sécurité et de la rapidité ; la situation sera encore singulièrement modifiée à notre avantage quand le chemin de fer du Niger à la côte, dont les études se poursuivent activement, aura été construit.

Principaux centres de population :

Saint-Louis, chef-lieu de la colonie, 17.300 habitants, fondée en 1626, située sur une île dans le Sénégal à 20 km. de la mer ; une barre, à l'embouchure du fleuve, entrave la navigation. Hôtel du gouvernement, belles casernes, palais de justice, chantiers et ateliers de la marine, église, mosquée, bel et vaste hôpital. La ville est reliée aux deux rives par trois ponts, deux sur le petit bras et un sur le grand.

En remontant le fleuve, on trouve successivement, à partir de Saint-Louis : Dagana, 750 habitants ; Podor, 200 hab. ; Matam, 750 hab. ; Bakel, un peu au-dessus du confluent de la Falémé, 1.400 hab. ; Kayes, 2.000 hab. ; Médine, 1.500 hab. ; Bafoulabé, au confluent du Bakhoy, 500 hab. Ce dernier poste est à 1.030 km. de Saint-Louis. Enfin, en passant le plateau montagneux qui sépare le bassin du Sénégal de celui du Niger, on arrive à Bamakou sur ce dernier fleuve. Bamakou n'a actuellement qu'un millier d'habitants, mais est appelé à un grand avenir ; de Bafoulabé à Bamakou, il y a 440 kilomètres.

Si, de Saint-Louis, on descend la côte dans la direction du sud et en suivant le chemin de fer qui va de cette ville au cap Vert, on traverse le Cayor, pays sablonneux et médiocrement fertile situé le long d'une côte basse et sans abris. A 200 km. de Saint-Louis, on arrive à Rufisque dans la baie du cap Vert, 7.000 hab., puis à Dakar, 2.500 hab. ; Dakar est tête de ligne du chemin de fer, point de ralliement de la division navale et relâche des paquebots des Messageries maritimes. Le port est sûr, et c'est peut-être le meilleur de toute la côte occidentale d'Afrique, mais il y a de grands travaux à y faire : quais, appontements, chantiers, bassin de radoub.

En face de Dakar, on trouve l'île de Gorée dont la rade est très bonne. La population de Gorée diminue ; elle se porte à Dakar et à Rufisque ; elle est cependant encore de 1.800 hab. Du cap Vert à l'embouchure du Saloum la côte est sablonneuse et sans ports ; on y trouve les deux villages importants de Portudal, 1.400 hab, et Joal, 2.250 hab.

Dépendances du Sénégal ; Rivières du Sud. — Au sud de la colonie et en suivant la côte, on trouve un grand nombre de rivières qui, prenant leur source dans le massif montagneux du Fouta-Djallon, coulent toutes de l'est à l'ouest. Nous allons rapidement les énumérer en indiquant celles qui appartiennent à la France et celles que revendiquent l'Angleterre et le Portugal, quoique nous n'admettions l'autorité de ces puissances que sur les points effectivement occupés par elles.

La première rivière française est la Casamance qui est séparée de nos possessions sénégalaises par l'estuaire de la rivière Gambie dont les Anglais occupent plusieurs points.

Au sud de la Casamance coulent trois rivières parallèles sur lesquelles les Portugais ont des établissements médiocrement importants et des droits mal définis : le Cachéo, le Géba et le Rio Grande.

Au sud de ces trois rivières coulent successivement : le Rio Cassini, le Rio Nunez, le Rio Pongo et la Mellacorée qui appartiennent incontestablement à la France.

Ces cours d'eau prennent leur source dans le Fouta-Djallon, coulent de l'est à l'ouest, sont parallèles et contigus ; le pays qu'ils traversent est fort étendu et à peu près égal en superficie à sept départements français. On trouve sur ces rivières comme principaux centres d'habitation et de commerce :

Sur la Casamance : Carabane, 1.500 hab. ; Sedhiou, à 150 km. de l'embouchure, 3.300 hab.

Sur le Rio Nunez : Basalandé, 800 hab., et Boké, 1.200.

Sur le Rio Pongo : Boffa, 800 habitants.

Sur la Mellacorée : Benty, 600 hab.

L'ossature de la Sénégambie, c'est-à-dire les montagnes du Fouta-Djallon, qui séparent le bassin du Niger de ceux du Sénégal, de la Gambie et des rivières du sud, est constituée par des gneiss et des schistes : leur altitude est peu considérable ; à part quelques pics dont les plus élevés atteignent 1.200 m., elle varie de 4 à 600 m. A l'ouest et plus bas s'étendent des strates de grès ferrugineux ; enfin, dans les plaines et sur les côtes, un sable siliceux très fin, dont la nuance varie du gris au ton rougeâtre, constitue la plus grande partie du sol sénégalien. Le long des cours d'eau, on trouve une terre noire, formée par les alluvions, riche en matières organiques et d'une grande fertilité.

Sur la rive droite du fleuve Sénégal, le sol présente très peu d'accidents de terrain ; il est presque partout dépourvu d'eau courante, mais on y trouve des puits nombreux et, là où les dépressions sont étendues, des oasis très fertiles. Il y en a de fort considérables ; celles d'Adrar et de Tagant ont chacune une étendue comparable à quatre ou cinq départements français.

Le pays compris entre la rive gauche du Sénégal et la rivière du Saloum : Cayor, Baol et Djolof, est peu mouvementé ; le sol est constitué par le sable siliceux décrit plus haut, avec quelques affleurements calcaires (carbonates et phosphates de chaux) ; on y trouve peu d'eau douce mais de nombreux marigots ou étangs d'eau saumâtre qui croissent et diminuent, se forment et disparaissent suivant les saisons. Quelquefois, dans les terres basses, le long des côtes, ces marigots communiquent avec la mer ; ils sont une des causes de l'insalubrité du pays.

En remontant le Sénégal on trouve un pays nommé le Fouta qui est d'une telle fertilité qu'il a été surnommé le grenier du Sénégal ; il produit des chevaux, du bétail, du mil en quantités énormes, un peu de coton et de l'indigo. Si l'on continue à remonter on arrive au bassin de la Falémé, grand affluent de gauche du Sénégal, et on entre dans un pays montagneux et boisé. C'est dans ce bassin que se trouvent la plupart des richesses minières de la colonie.

Notre autorité n'est pas encore complètement établie dans le massif montagneux du Fouta-Djallon. C'est un pays fort accidenté, boisé, bien arrosé et bien cultivé. Il est habité par les tribus Peuls.

Le territoire des Rivières du Sud est extrêmement fertile, très arrosé mais très marécageux ; on y trouve des forêts considérables contenant les essences les plus variées. Plusieurs de ces rivières et particulièrement la Casamance peuvent être remontées assez haut par des bâtiments de 2 à 300 tonneaux.

Population. — Races indigènes. — Religion.

Il est très difficile d'évaluer exactement la population du Sénégal et de ses dépendances. Aucun recensement n'est possible en dehors des principaux centres et on est forcé de s'en rapporter aux appréciations des personnes qui ont parcouru le pays.

La population européenne ou issue d'Européens est d'environ 5.000 âmes.

La population indigène soumise et groupée dans les villages sous notre domination immédiate est à peu près de 200.000 âmes.

Le nombre des habitants des pays protégés et très incomplètement soumis dépasse probablement le double de ce chiffre.

Races indigènes. — Le Sénégal est habité par des tribus nomades et par d'autres sédentaires : les unes sont de race blanche, les autres de race nègre, la plupart de sang mêlé.

Sur la rive droite du fleuve on trouve les tribus des Trarzas, des Brachnas et des Douaichs de race maure-berbère et qui sont rebelles à toute civilisation ; ils professent la religion mahométane et sont nomades. Ces Maures, excellents cavaliers, sont pillards, cruels, fourbes, d'une saleté repoussante et médiocrement courageux ; ils ont des esclaves qu'ils traitent avec la plus grande dureté. Il y a quelques années ils traversaient le fleuve et venaient opérer des razzias dans les villages nègres de la rive gauche,

brûlant ce qu'ils ne pouvaient emporter et réduisant les habitants
en esclavage. Aujourd'hui, et grâce aux postes militaires établis
le long du Sénégal, ils ont dû renoncer à cette industrie. Ils vivent
des échanges qu'ils font dans nos comptoirs, apportent de la
gomme, du bétail, des chevaux, des plumes d'autruche et de
l'arachide. Ils remportent des cotonnades, des armes de qualité
inférieure, du sucre et de la quincaillerie.

Entre la rive gauche du fleuve et la rivière Saloum, dans les
pays appelés Cayor, Baol et Djolof, vivent les tribus Ouolofs.
Les Ouolofs sont musulmans ou fétichistes ; ils font tous les
métiers : cultivateurs, commerçants, marins. On rencontre parmi
eux de bons ouvriers maçons, charpentiers, menuisiers, forgerons.
Dans les villes ils sont aussi portefaix, hommes de peine. Le
Ouolof est de race nègre, grand, bien fait, très robuste, d'un
caractère doux et apathique. Son grand défaut est l'intempérance.

Le massif ou plateau montagneux du Fouta-Djallon est habité
par une race fort intelligente appelée communément Peul ; on
a tout lieu de croire que les Peuls sont de race lybique analogue
à celle qui existe aujourd'hui en Abyssinie. Ils sont grands, bien
faits, ont le visage ovale, les cheveux lisses, le nez aquilin, les
lèvres droites, la peau cuivrée. Le Peul est musulman fanatique
et très réfractaire à notre domination ; une portion des tribus
est nomade et l'autre sédentaire. Ils apportent à nos marchés
du bétail, des peaux, de l'ivoire et du caoutchouc.

Dans le haut Sénégal on trouve les nombreuses variétés des
Toucouleurs issues du mélange des Maures, des Ouolofs et
des Peuls. Les Toucouleurs sont musulmans fanatiques, braves,
énergiques, orgueilleux et très mobiles. Ils font tous les métiers :
bons soldats aux tirailleurs sénégalais, bons cavaliers aux spahis,
bons matelots dans la flotte. Dans les campagnes ils sont pas-
teurs et cultivateurs ; à la ville journaliers, petits marchands
et domestiques.

Enfin, entre le haut Sénégal et le Niger, dans le pays qui s'étend
de Bafoulabé à Bamakou, habitent les tribus nègres Mandingues
et Bambaras. Ces nègres sont fétichistes et très réfractaires à
l'islamisme ; bons cultivateurs, doux, laborieux et très discipli-

nables. A toutes les époques ils ont été cruellement maltraités par leurs voisins les Maures et les Toucouleurs ; aussi acceptent-ils maintenant avec bonheur notre domination et ils seront dans l'avenir les meilleurs auxiliaires de notre action civilisatrice dans le Soudan.

Productions du sol. — Mines. — Forêts.

Les plus importantes productions du sol au Sénégal sont : l'arachide, la gomme, le caoutchouc et le mil.

Les trois premiers produits sont destinés à l'exportation ; le mil est consommé dans le pays.

Dans les oasis on cultive l'arachide, le palmier et l'espèce d'acacia qui donne la gomme.

Le Cayor, le Baol et le Djolof produisent surtout des arachides et du mil ; là où le sol n'est pas cultivé on ne trouve guère d'autre végétation que de hautes herbes et des broussailles.

Le Fouta produit du mil en quantités énormes.

Le territoire des rivières du Sud produit des arachides, du caoutchouc, de la gomme copal, du riz, du café, de la cire et des amandes de palme.

Les côtes sont très poissonneuses, surtout aux environs du banc d'Arguin. On affirme même que l'on y trouve une variété de morue, qui, dans l'avenir, pourra donner lieu à une exploitation semblable à celle du banc de Terre-Neuve.

Nous allons décrire avec quelques détails les quatre principales productions du Sénégal.

Arachides. — Plante annuelle, herbacée, appartenant à la famille des légumineuses papilionacées, portant au moment de la floraison des rameaux droits dont les fleurs avortent toujours, et des rameaux couchés dont les fleurs sont fécondées. Les ovaires de ces dernières fleurs pénètrent en terre à la profondeur de 6 à 8 centimètres, s'y développent, y mûrissent et donnent une graine appelée arachide ou pistache de terre.

L'arachide croît dans tous les sols, mais préfère les terres riches et légères. Les semailles se font en juillet et la récolte en décembre. Le Sénégal qui en 1840 produisait 1.200 kil. d'arachides en a exporté plus de 22 millions de kil. en 1886. La presque totalité des arachides est expédiée à l'état de graine ou fruit à Marseille où on les presse pour en extraire une huile qui sert à la fabrication du savon et de la bougie.

Gommes. — La gomme est un produit naturel exsudant du tronc des arbres de la famille des acacias. Beaucoup d'acacias donnent de la gomme ; la variété la plus commune au Sénégal est l'acacia tomentosa. Ces arbres croissent en massifs plus ou moins considérables dans des terrains sablonneux ; ils perdent leurs feuilles au mois de novembre, l'écorce se fend et laisse exsuder la gomme comme il arrive dans nos climats pour le prunier, le cerisier, l'abricotier, etc. Les fragments ou larmes de gomme atteignent ordinairement la grosseur d'un œuf de poule ; il y en a de plus considérables qui pèsent jusqu'à 600 grammes. La récolte se fait de décembre à juin.

Les Maures ou les traitants apportent les gommes à nos comptoirs sur le fleuve ; les transactions sont frappées d'un droit de 10 fr. par 1.000 kil., perçu par notre gouvernement au profit des chefs maures, afin de les intéresser à la protection et à la sécurité des caravanes.

La production totale atteint 3 millions de kil. qui sont presque tous expédiés à Bordeaux. Si énorme qu'elle paraisse cette quantité est très inférieure aux besoins de l'industrie et de la pharmacie françaises ; c'est dire que ce commerce est appelé à prendre une grande extension.

Caoutchouc. — Le caoutchouc est un suc végétal produit par des lianes ou par des arbustes de la famille des ulmacées, principalement par le ficus elastica et le siphonia elastica.

Pour le recueillir on pratique des incisions profondes à la base de l'arbuste et on place au-dessous de ces incisions un vase qui reçoit le suc laiteux qui en découle. Ce liquide est laissé à l'air libre et à sa surface il se forme une crème visqueuse que l'on verse dans des moules en terre où elle se coagule.

Le Sénégal, qui pourrait produire des quantités énormes de caoutchouc, n'en a exporté que 130.000 kil. en 1886; la plus grande partie du caoutchouc employé en France vient de l'Amérique du Sud.

Mil. — Le mil ou millet forme la base de la nourriture des noirs au Sénégal; c'est une plante annuelle de la famille des graminées qui pousse surtout dans les terrains argileux. La récolte se fait quatre mois après les semailles.

Le Sénégal en produit des quantités très considérables, mais il est consommé dans le pays et l'exportation en enlève fort peu. Il vaut à Podor 10 fr. les 100 kil. On a essayé de fabriquer à Bordeaux de l'alcool de mil. Cet alcool n'a aucune saveur désagréable; la distillation a donné 41 0/0. Le rendement en farine est de 61 0/0.

Il serait à souhaiter que la culture du mil fût encouragée au Sénégal; la colonie trouverait une importante source de richesse dans la production sur place de l'alcool de mil.

Mines. — C'est dans le bassin de la Falémé que se trouvent la plupart des richesses minières du Sénégal. On y rencontre de l'or, de l'argent, du mercure, du cuivre et du fer. Ce dernier est en très grande abondance. Quoique depuis 1626 jusqu'à ce jour des compagnies portugaises, anglaises et françaises aient à plusieurs reprises tenté d'exploiter ces mines, les gisements sont mal connus, les exploitations ont été faites dans de mauvaises conditions et les résultats n'ont pas été satisfaisants.

En ce qui concerne l'or particulièrement, il a été reconnu que l'exploitation ne peut être fructueuse (quand on se borne aux procédés primitifs du lavage et du triage) qu'à la condition de donner 25 grammes d'or par 1.000 kil. de terre, extraite, remuée et lavée; on a à peine obtenu 15 grammes. Les minerais de fer sont très nombreux et très riches; on en rencontre beaucoup qui contiennent jusqu'à 60 0/0 de fer.

Forêts. — Le Sénégal contenait autrefois des forêts immenses, mais, aucune législation ne les protégeant, elles ont disparu le long de la côte et aux environs des villes; il en reste de fort considérables à l'intérieur, principalement dans le territoire des rivières du Sud et dans les régions montagneuses du Fouta-Djallon.

Sur la rive droite du fleuve, les forêts de gommiers forment des massifs considérables et sont scrupuleusement respectées. Dans le Cayor et non loin du cap Vert on trouve des forêts de roniers qui donnent un bois incorruptible employé pour pilotis, traverses, charpentes, etc... La Casamance possède de grands massifs de bambous.

Toutes ces richesses forestières ne seront exploitables qu'après l'établissement de nombreuses voies de communication.

Industrie. — Commerce. — Navigation.

L'industrie locale au Sénégal se réduit à fort peu de chose. Les petites industries sont : l'orfèvrerie en filigrane, la confection des tissus indigènes, la fabrication des outils et instruments primitifs employés dans la culture, la cordonnerie et la sellerie indigènes.

Les grandes industries se réduisent à des essais médiocrement prospères d'indigoterie, et à la fabrication de l'huile d'arachide qui commence à donner de bons résultats.

Il est question d'établir des distilleries de mil et de fabriquer ainsi l'eau-de-vie consommée par les populations non musulmanes; l'énorme quantité de mil produite dans le pays et son bas prix rendraient cette industrie très fructueuse.

Tableau du Commerce en 1887.

1° COMMERCE ENTRE LA FRANCE ET LE SÉNÉGAL

Importations de France dans la colonie......... 12.268.238ᶠ } 24.011.094ᶠ
Exportations de la colonie en France............ 11.742.856 } –

2° COMMERCE DU SÉNÉGAL
AVEC LES AUTRES COLONIES ET PÊCHERIES FRANÇAISES

Importations des colonies et pêcheries françaises... 308.000ᶠ

Exportations pour les autres colonies et pêcheries françaises. — Denrées et marchandises de la colonie.......... 500ᶠ — Denrées et marchandises provenant de l'importation...... — Françaises.. 14.007 — Etrangères.. „ — 14.507 — 322.507

3° COMMERCE DU SÉNÉGAL AVEC L'ÉTRANGER

Importations en marchandises étrangères. — Par navires français. — Des entrepôts de France. 5.908.823ᶠ — De l'étranger directement... 1.434.859 — 7.343.682ᶠ — Par navires étrangers....... 5.892.755 — 13.236.437ᶠ

Exportations pour l'étranger. — Denrées et marchandises de la colonie.................... 716.164 — Denrées et marchandises provenant de l'importation.... — Françaises. 353.394ᶠ — Etrangères. 1.117.121 — 1.470.515 — 2.186.79 — 15.423.116

Total.................... 39.756.717

Ce mouvement se décompose comme suit :

	Import.	Export.
Animaux vivants...........................	316.850	40.717
Produits et dépouilles d'animaux..............	589.425	452.079
Pêches......................................	36.900	14.434
Substances propres à la médecine et à la parfumerie.	1.111	"
Matières dures à tailler......................	1.024	18.514
Farineux alimentaires.......................	2.566.216	56.138
Fruits et graines (principalement arachides).....	876.709	5.101.729
Denrées coloniales de consommation............	3.171.038	430.899
Sucs végétaux (gomme et caoutchouc)...........	830.512	5.319.234
Espèces médicinales..........................	1.252	"
Bois communs................................	864.648	14.562
Fruits, tiges et filaments à ouvrer.............	22.573	1.280
Teintures et tanins...........................	1.999	"
Produits et déchets divers.....................	74.076	97
Pierres, terres et combustibles minéraux........	1.684.772	10.399
Métaux......................................	152.057	17.008
Produits chimiques...........................	45.897	5.399
Teintures préparées..........................	23.288	415
Couleurs....................................	46.979	3.410
Compositions diverses........................	746.724	53.829
Boissons....................................	2.380.536	113.454
Vitrifications................................	209.642	13.539
Fils..	541.407	20.788
Tissus (principalement guinées)...............	7.259.137	338.027
Papier et ses applications....................	103.093	2.895
Ouvrages en matières diverses.................	3.264.810	1.915.196

Il convient d'ajouter à ces chiffres ceux ci-après relatifs aux rivières du Sud.

IMPORTATIONS

	Marchandises françaises.	Marchandises étrangères.	
Mellacorée...........................	"	567.149	
Rio Pongo...........................	"	610.551	
Casamance...........................	246.917	262.749	2.716.821
Forécariah...........................	"	324.232	
Rio Nunez...........................	"	705.223	
	246.917	2.469.904	

EXPORTATIONS

Report...................... 2.716.821

	Marchandises du crû.	Marchandises d'importation.	
Mellacorée............................	530.364	26.805	
Rio Pongo............................	485.434	"	
Casamance............................	78.803	"	2.603.998
Forécariah............................	329.045	876	
Rio Nunez............................	1.152.671	"	
	2.576.317	27.681	

Total...................... 5.320.819

On appelle guinée une pièce de coton teinte généralement en bleu, longue de 15 mètres, large de 0m80 et valant le plus habituellement 15 francs dans le Sénégal. Les guinées viennent de l'Inde, de Belgique, d'Angleterre et de France ; celles de l'Inde sont les plus estimées. Celles de France sont meilleures, mais beaucoup plus chères et en raison de leur prix bien moins recherchées. La guinée constitue le principal objet d'échange.

Tableau de la navigation
du Sénégal proprement dit en 1887.

Entrées
- 76 navires français jaugeant......... 53.847 tonnes.
- 213 navires étrangers jaugeant...... 174.504 tonnes.

Sorties
- 72 navires français jaugeant........ 52.885 tonnes.
- 252 navires étrangers jaugeant....... 136.281 tonnes.

Le prix du fret varie de 25 à 45 fr. la tonne pour le Sénégal et de 60 à 70 fr. pour les rivières du Sud. La navigation fluviale sur le Sénégal comprend 480 grandes barques ou chalands (environ 10.000 tonnes).

Le commerce dans le Sénégal se fait de deux façons différentes : contre espèces ou par échange.

Sur les côtes, le commerce contre espèces gagne de plus en plus et devient presque seul en usage. Dans le haut fleuve et dans les rivières du Sud il a lieu par échange. Les denrées d'échange sont : la guinée d'abord, puis le tabac américain, le sucre, les eaux-de-vie allemandes, la poudre anglaise, la quincaillerie.

Il se fait au Sénégal deux sortes de commerce :

1º L'importation et l'exportation ;

2º La vente au détail.

Ainsi que nous l'avons dit, l'usage des monnaies est peu connu des peuplades de l'intérieur de l'Afrique. Quiconque veut acheter des produits du pays, doit payer ces marchandises en étoffes, armes, liqueurs, etc. Les opérations d'importation et d'exportation sont donc liées et, pour les entreprendre, il faut posséder un assez fort capital.

Pesque toutes les maisons qui exercent ce commerce dans nos établissements de la côte occidentale d'Afrique sont des succursales d'établissements importants de France, notamment de Bordeaux. En général, les représentants de ces maisons ont des appointements fixes, le logement, la nourriture, qui sont compris dans les frais généraux, et enfin une part, qui s'élève parfois à 50 0/0, dans les bénéfices nets.

La vente au détail dans les villes, c'est-à-dire contre monnaie, est laissée aux petits commerçants, dont quelquess-uns ont ind-i gènes ; ceux-ci s'approvisionnent chez les importateurs, en partie à crédit. Il faut donc un capital relativement minime pour exercer ce commerce, mais la concurrence en diminue fortement les profits.

Situation monétaire. — Banque. — Budget. — Conditions de l'existence : 1º Pour l'indigène ; 2º Pour l'Européen. — Concessions de terres.

La situation monétaire de la colonie est bonne ; on ne trouve guère en circulation que des monnaies françaises ; il y a une assez grande quantité d'or et beaucoup d'argent. Au moment des achats d'arachides, de gommes et de caoutchouc, le numéraire devient rare, mais il ne tarde pas à reparaître quand les indigènes effectuent leurs achats de marchandises européennes.

Banque. — Il n'existe qu'une banque dans la colonie. Cet établissement, placé sous la surveillance de l'Etat, a été constitué en 1853 ; son privilège expire en 1894 ; son capital est de 300.000 fr. Ses opérations consistent en :

1º Escompte d'effets de place à deux signatures ;

2º Avances sur marchandises, sur titres de rente et sur matières d'or et d'argent (le taux de l'escompte et celui des avances varient de 6 à 9 0/0) ;

3º Emission de billets au porteur. Il y en a actuellement en circulation pour une valeur de 750.000 fr.

Taux de l'intérêt. — Le taux de l'intérêt n'est pas limité au Sénégal ; le prêt sur hypothèque ou sur billet a lieu à raison de 10 à 12 0/0.

Budget. — Le budget de la colonie en dépenses et en recettes s'équilibre à 2.830.000 fr. auxquels l'Etat contribue pour une somme de 75.000 fr. Il a en outre, à sa charge, les services militaires et maritimes. Cette règle est d'ailleurs générale pour toutes les colonies et nous ne la reproduirons pas.

Au Sénégal l'Etat a en outre à sa charge :

1º Le service du Haut fleuve et du Niger, 2.000.000 de fr. ;

2º La subvention au chemin de fer de Saint-Louis à Dakar, 2.650.000 fr. — En tout, 4.650.000 fr.

Conditions de l'existence et du travail pour l'indigène et pour l'Européen. — Au Sénégal l'indigène, quoique très robuste, est paresseux. Anciennement il se contentait d'ensemencer la quantité de terrain nécessaire pour subvenir à ses besoins et à ceux de sa famille ; s'il avait étendu ses cultures, le surplus lui aurait été enlevé soit par ses propres chefs, soit par les tribus voisines plus puissantes. Aujourd'hui, la sécurité et le contact de la civilisation européenne ont accru ses besoins qu'il cherche à satisfaire par une augmentation de travail et une extension de culture.

On ne trouve cependant pas très facilement de travailleurs indigènes, surtout de travailleurs réguliers. Ils ne s'embauchent que pour quelques mois ; on leur donne la nourriture et une rétribution mensuelle de 30 francs. — La nourriture revient à 60 c. par jour.

Les bons ouvriers indigènes (menuisiers, chapentiers, maçons, forgerons) se payent :

Pour un maître ouvrier................... 7 ou 8 fr. par jour.
Pour un ouvrier ou compagnon.......... 5 ou 6   —
Pour un apprenti....................... 3 ou 4   —

La journée est de 10 heures.

La nourriture de l'indigène se compose de bouillie de mil, de riz et de viande ou poisson.

Les noirs confectionnent le plus habituellement eux-mêmes leurs vêtements et n'achètent de chaussures que chez les cordonniers du pays ; en somme, au Sénégal, le noir est industrieux et fait lui-même presque tout ce qui lui est nécessaire.

A proprement parler il n'y a pas d'immigration européenne au Sénégal en dehors de quelques commis négociants, des employés de l'Etat et des ouvriers affectés aux ateliers de la marine et de l'artillerie.

L'Européen ne peut pas cultiver le sol ; il ne résisterait pas aux fièvres et à l'intensité de la chaleur. S'il veut faire du négoce il aura à lutter contre des maisons de commerce puissantes possédant de nombreux magasins de détail ; il ne peut donc entrer dans cette voie qu'avec des capitaux, du crédit et une connaissance du pays acquise dans des voyages antérieurs.

Quand les voies de communication entre Saint-Louis et Bamakou seront plus sûres et mieux établies, il y aura certainement de grands bénéfices à réaliser ; mais il est probable que cette veine sera d'abord exploitée par les maisons de Saint-Louis, de Dakar et de Rufisque bien placées pour le faire.

Quant aux professions manuelles elles ne pourraient donner une rétribution suffisante. Les prix de main-d'œuvre sont élevés, mais il y a de quatre à six mois de chômage pendant la saison de l'hivernage. L'ouvrier européen devra donc en huit mois gagner de quoi vivre toute l'année. Il faut ajouter qu'à Saint-Louis, à Dakar ou à Rufisque il ne pourra se loger à moins de

25 fr. par mois pour une seule petite chambre, et sa pension ne lui coûtera pas moins de 75 à 80 fr. Une maison composée d'une boutique et de deux chambres coûte à Rufisque de 12 à 1.500 fr. par an.

Prix des denrées essentielles : Pain, le kilo, 70 c. ; Viande, le kilo, 1 fr. 60 ; Pommes de terre, le kilo, 50 c. ; Légumes secs, le kilo, 60 c. ; Huile, le kilo, 3 fr. ; Saindoux, le kilo, 1 fr. 50 ; Vin, le litre, 1 fr.

Il n'y a donc actuellement rien à faire pour l'émigrant européen, à moins qu'il n'arrive dans la colonie comme employé de maison de commerce et avec quelques capitaux qui lui permettront de s'établir plus tard à son compte.

Concessions de terres. — Quelques concessions de grandes terres avaient été accordées dans le Sénégal il y a une cinquantaine d'années ; les concessionnaires avaient presque tous des capitaux et cependant aucune des exploitations n'a donné de bons résultats. Depuis 1851 on est revenu au système des concessions moyennes ; il a été distribué 2.550 hectares entre vingt-trois concessionnaires (en moyenne chacun 110 hectares). Le quart seulement est cultivé.

Climat. — Météorologie. — Hygiène.

Le Sénégal étant situé entre le Tropique et l'Equateur, il n'est pas surprenant que sa température soit très élevée. On y trouve deux saisons parfaitement tranchées : l'une, de décembre à fin de mai, est sèche, relativement fraîche et assez agréable quand les vents très chauds de l'est ne soufflent pas ; le matin, sur les côtes, le thermomètre descend de 10 ou 15 degrés ; dans la journée il atteint 25 degrés à l'ombre et 35 au soleil. Par les vents d'est il monte jusqu'à 40 et dans l'intérieur du pays la température est encore plus élevée. Pendant ces six mois il ne tombe pas une goutte d'eau.

L'hivernage survient au commencement de juin et dure jusqu'à la fin de novembre ; les mois de juillet, août, septembre et

octobre sont accompagnés de pluies torrentielles et d'une chaleur intense (en moyenne 30 degrés à l'ombre et plus de 40 au
soleil).

Quand les pluies viennent à cesser, les marécages se dessèchent peu à peu et les miasmes paludéens affectent de la façon la
plus grave l'état sanitaire du pays.

A Saint-Louis la quantité de vapeur d'eau contenue dans l'air
est double de celle de la France.

Pendant la saison sèche les vents soufflent le plus généralement du nord-est; pendant l'hivernage, du nord-ouest. La pression barométrique oscille faiblement autour de 0m76. Les marées
sont peu élevées : 2 mètres en vives eaux et 1 mètre en morte
eau.

Hygiène. — Règle absolue : les Européens sujets aux maladies
du foie ne doivent pas aller au Sénégal. Il faut autant que possible
s'y rendre pendant la saison sèche pour s'acclimater ; substituer
la flanelle à la toile et au coton, mettre un couvre-nuque, ne sortir
en plein soleil que si cela est indispensable, ne pas faire usage
de spiritueux, avoir une vie réglée et éviter toute espèce d'abus.
Il est recommandé de ne pas boire d'eau pure, de se lever de
grand matin, de se reposer pendant le fort de la chaleur et de
prendre habituellement un ou deux verres de vin de quinquina
tous les jours.

Routes et travaux publics. — Instruction publique.

Les moyens de communication dans la colonie sont les suivants :

1º Le chemin de fer de Saint-Louis à Dakar, inauguré le 6 juillet 1885. Longueur, 263 kilom.

2º Les avisos de l'Etat sur le fleuve du Sénégal. Ces avisos,
pendant les basses eaux, vont jusqu'à Podor, 200 kilom., et dans
les hautes eaux, jusqu'à Médine, 600 kilom.

3º Une voie carrossable, de Médine à Bamakou, sur le Niger,
600 kilom.

Autour des villes de Saint-Louis, de Dakar et de Rufisque, il

existe des tronçons de route qui ont un vingtaine de kilomètres ;
dans tout le reste du pays, il n'y a plus que des sentiers.

On avait commencé en 1881 l'établissement d'un chemin de fer
à voie étroite, de Kayes sur le Sénégal, à 10 kilom. au-dessous de
Médine, à Bafoulabé. Cette voie devait avoir 134 kilom. de longueur ; les travaux qui avaient été suspendus en 1885 ont été
repris en 1888, et 95 kil. seront prochainement livrés à l'exploitation ; on compte que la voie entière sera achevée en 1890.

Les communications entre le Sénégal et les rivières du Sud ont
lieu par des avisos coloniaux qui partent de Dakar le 1er de chaque
mois, touchent la Casamance, le rio Nunez, le rio Pongo, la
Mellacorée, et vont jusqu'à Freewton, possession anglaise, où ils
arrivent le 13 ; ils repartent le 15, touchant de nouveau au retour
nos établissements des rivières du Sud et rentrant à Dakar le 26.

Travaux publics. — Des travaux importants sont actuellement
en cours d'exécution ; la colonie les subventionne largement, et
l'Etat lui apporte son concours. Les principaux, sont : Etablissement de routes, construction de bâtiments, civils et militaires,
quais et appontements à Saint-Louis, à Dakar et à Rufisque, conduite d'eau à Saint-Louis.

Instruction publique. — La colonie dépense annuellement
357.000 fr. pour l'instruction publique ; il existe au Sénégal vingt-
deux écoles, pour enfants des deux sexes, tenues par des laï-
ques ou par des congréganistes : il y en a sept à Saint-Louis,
trois à Rufisque, deux à Dakar, deux à Gorée et les autres dissé-
minées dans la colonie. On a déjà obtenu d'importants résultats ;
l'usage de la langue française se répand de plus en plus, et un
assez grand nombre d'indigènes, sachant lire et écrire le français,
sont employés dans des maisons de commerce.

Postes. — Télégraphes. — Communications avec la Métropole.

Postes. — Des bureaux de poste sont établis dans toutes les
stations de chemin de fer, sur tous les points touchés par les
paquebots ou par les avisos coloniaux, et enfin dans les centres

principaux de la route qui va de Médine à Bamakou. Sur cette
route, le service est fait par des piétons, qui mettent dix-sept
jours à la parcourir ; les avisos mettent huit jours de Médine à
Saint-Louis ; il faut donc vingt-cinq jours pour qu'une lettre par-
vienne de la Côte au Niger. Le service des articles d'argent est
confié aux agents du Trésor.

Télégraphes. — Une ligne télégraphique existe de Saint-Louis
à Dakar, le long de la voie ferrée. Une autre, le long du Sénégal,
relie Saint-Louis à Bamakou ; ce fil a plus de 2.000 kilomètres de
longueur.

Un câble télégraphique sous-marin relie le Sénégal à la France,
en passant par Ténériffe.

Le prix du mot de dix lettres est de 2 fr. 50.

Communications avec la Métropole. — Les communications de
la France avec le Sénégal sont assurées :

1º Par les paquebots des Messageries maritimes, qui partent de
Bordeaux les 5 et 20 de chaque mois, et arrivent à Dakar les 14
et 28 de chaque mois. De Dakar, ils vont dans l'Amérique du Sud ;
au retour, ils passent à Dakar les 10 et 25 de chaque mois, pour
arriver à Bordeaux les 19 et 4 de chaque mois ;

Prix du passage
- 1re classe arrière . . . . 700 fr.
- 1re classe avant . . . . 500 fr.
- 2e classe entrepont . . . . 250 fr.

2º Par les vapeurs de la Compagnie du Sénégal et de la côte
occidentale d'Afrique, dont le siège est à Marseille. Le départ de
ces navires est irrégulier ; la durée des traversées est de onze
à douze jours ;

3º Par les vapeurs des maisons Maurel et Prom, Devès et
Chaumet, de Bordeaux. Le départ des ces bâtiments est subordonné aux exigences du commerce ;

4º Par des paquebots anglais venant de Liverpool, et relâchant
à Gorée tous les vingt jours ;

5º Par des paquebots allemands venant de Hambourg, et relâchant à Gorée tous les quinze jours.

COTES DU GOLFE DE GUINÉE

La mer s'enfonce comme un coin au milieu de la côte occidentale d'Afrique, et y forme un golfe immense, appelé golfe de Guinée, au fond duquel se trouve le delta du Niger. La côte septentrionale de ce golfe est parallèle à l'Equateur et se tient entre le
4e et le 6e degré de latitude nord ; la côte méridionale est perpen-
diculaire à l'Equateur et se tient entre le 6e et le 10e degré de
longitude est.

La France a des établissements de très inégale importance sur
les deux côtes du golfe de Guinée :

Sur la côte septentrionale, Grand-Bassam, Assinie et Portonovo ;

Sur la côte méridionale, le Gabon et le Congo, auxquels on donne
la dénomination générale d'Ouest-Africain.

Grand-Bassam. — Assinie.

Ces établissements datent de 1843.

Les colonies de Grand-Bassam et d'Assinie forment un groupe
compact et d'un seul tenant, situé sur la portion de la côte de
Guinée appelée Côte-d'Or.

Cette possession s'étend de la rivière Lahou à l'ouest, à la
rivière Tendo ou Tanoué à l'est, sur une longueur de 200 kilom.
Au nord, les limites ne sont pas déterminées ; au sud, la colonie
est limitée par la mer.

Tout le long de la côte de Guinée, règne un fort courant
d'ouest à est, qui dépose parallèlement à cette côte une bande

de sable de plus en plus épaisse. Les rivières, ne trouvant plus d'issue, forment des lagunes très étendues, et ces lagunes communiquent avec la mer par des canaux étroits, envasés, semés de barres et d'un accès difficile.

C'est ainsi que, le long de nos possessions de la Côte-d'Or, se trouvent deux grandes lagunes : celle d'Ebrié et celle de Tendo, dans lesquelles les petits bâtiments seuls peuvent entrer, et encore dans la saison favorable (juin et juillet). Ces lagunes reçoivent pourtant des rivières considérables, qui sont larges et profondes, et ont un grand parcours.

La lagune d'Ebrié reçoit l'Akba et le Potou ; celle d'Assinie reçoit le Kinndjabo et le Tendo. Toutes ces rivières sont navigables pour des barques d'assez fort tonnage, jusqu'à 25 ou 30 kil. de leur embouchure dans les lagunes.

En arrière des lagunes, le sol s'élève peu à peu. Ce sont d'abord des marais, puis des prairies très vertes et très fertiles, puis des forêts sur les hauteurs.

Entre les lagunes et les forêts, on rencontre de nombreux villages nègres. Les individus qui les habitent sont en général doux, soumis, mais indolents et intempérants ; ils sont fétichistes et n'ont guère d'autre culte que celui des bons et des mauvais esprits ; en somme, le fétichisme est l'adoration des forces de la nature ; tout phénomène inexpliqué est fétiche et devient l'objet d'un culte particulier.

Les relations avec ces indigènes sont très sûres ; une fois leur parole engagée, ils n'y manquent jamais et obtiennent ainsi un crédit très long.

Ils cultivent l'arachide, le manioc, le maïs, le bananier, l'igname et surtout le palmier oléifère.

Cet arbre pousse spontanément sur les côtes de Guinée ; il donne des régimes de fruits qui pèsent jusqu'à 30 kilos. Ces régimes arrivés à maturité tombent, on les ramasse, on fait bouillir le fruit et son enveloppe fibreuse (sarcocarpe) et on recueille l'huile à la surface du liquide. Les amandes débarrassées de leur enveloppe sont ensuite concassées, pressées et donnent encore de l'huile.

Ce produit sert à fabriquer du savon et de la bougie.

Les villages nègres situés le long des cours d'eau et des lagunes se livrent à la pêche qui est très abondante et très fructueuse.

La nourriture des noirs se compose surtout de poisson, de volaille et de bananes.

Les seuls animaux domestiques sont le bœuf et le porc : on trouve dans les forêts beaucoup d'éléphants et dans les lagunes des troupeaux d'hippopotames. La faune et la flore sont tropicales : le coton et le café y réussissent fort bien.

Toutes les populations nègres ne sont pas vis-à-vis de nous dans le même degré de dépendance. Ceux d'Assinie obéissent à un chef nommé Amatifou qui règne depuis 50 ans et qui nous est tout à fait dévoué ; ceux d'Ebrié ne sont qu'à moitié dépendants ; ceux de l'ouest, les Jacks-Jacks, nous sont hostiles ; ils refusent même de faire du commerce avec nous et n'en font qu'avec les Anglais auxquels ils fournissent une grande quantité d'huile d'arachide.

On évalue la population de cette colonie à 250.000 habitants, il ne s'y trouve qu'une dizaine d'Européens.

Le principal objet de commerce est le produit du palmier oléifère, soit à l'état d'huile de palme soit à l'état d'amandes ; on n'évalue pas à moins de 12.000 tonnes la quantité exportée ; le prix moyen de la tonne d'huile est de 750 fr., et, rendue à Liverpool ou à Hambourg, elle vaut environ 900 fr. Le bénéfice serait donc médiocre, mais il faut observer que la tonne d'huile se paye sur la côte d'Afrique avec des marchandises européennes et que 300 fr. de ces marchandises (valeur en Europe) en représentent 6 à 700 en Afrique.

Les traitants européens acquièrent encore des indigènes des cuirs, de la cire, de l'ivoire, des bois de teinture, de la gomme et de la poudre d'or.

La poudre d'or se trouve dans une argile très tenace qui forme le fond des vallées et s'extrait à ciel ouvert ; cette argile est lavée, délayée, battue ; l'eau entraîne la terre, le sable, les parties légères, et l'or reste au fond des cuves. Cet or provient des quartz aurifères des montagnes et est entraîné par les cours d'eau ; le rendement est insignifiant, à peine 1 gr. par mètre cube, mais pour les indigènes le temps n'a aucune valeur ; quand la saison de la pêche est terminée ils remontent dans l'intérieur, construisent une hutte et ont encore quelque petit profit à laver des terres.

Il est fort possible que les quartz des montagnes soient très riches ; on n'y a pas encore fait d'explorations.

On donne aux indigènes contre leurs denrées des tissus, des alcools (tafias et genièvres), de la poudre, de la quincaillerie, du tabac, des verroteries. L'usage de la monnaie est inconnu et le commerce se fait par voie d'échanges.

Presque tout le commerce est entre les mains des Anglais et des Allemands ; la France n'y entre guère que pour le cinquième, et à peine.

Les marchandises sont recueillies dans les villages situés sur les cours d'eau par des embarcations appartenant aux indigènes ; elles sont ensuite apportées dans les factoreries et elles y attendent l'arrivée des bâtiments de commerce. La côte étant très basse et sans abris, ces bâtiments mouillent à 3 ou 4 kilomètres au large et l'embarquement ou le débarquement des marchandises se fait au moyen de chalands.

Les principales factoreries sont : Petit-Bassam, Grand-Bassam et Assinie. Il y a à l'intérieur deux points importants : Dabou et Kinndjabo, résidence du roi Amatifou.

Ces colonies de la Côte-d'Or sont malsaines ; décembre, janvier, février et mars sont les mois secs ; avril, mai et juin les mois pluvieux ; juillet, août et septembre sont les mois les plus dangereux pour l'Européen. La température est excessivement élevée et fatigante sur les côtes, mais l'intérieur est moins malsain.

Les règles d'hygiène que nous avons données pour le Sénégal sont toutes applicables au golfe de Guinée ; c'est dire que le rôle de l'Européen est absolument limité à celui de directeur d'entreprises commerciales.

Il n'y a pas d'autre voie régulière de communication avec l'Europe que les paquebots allemands partant de Hambourg le 15 de chaque mois et desservant la côte occidentale d'Afrique. Ces bâtiments font escale à Grand-Bassam. La durée de la traversée est de 20 jours. Un câble télégraphique anglais touche à Grand-Bassam : le prix du mot est de 6 fr. 30.

La France a des droits sur le territoire du grand Biribi situé à 200 kil. à l'ouest de la rivière Lahou. Ce territoire n'est pas occupé.

Porto-Novo.

Cet établissement date de 1863.

Le territoire de Porto-Novo sur la côte des Esclaves s'étend de la rivière Ouémé à l'ouest à la rivière Addo à l'est sur une longueur de 45 kil. La mer forme la limite du sud ; au nord les frontières ne sont pas définies. La superficie peut être évaluée à 200.000 hectares.

La côte est basse et sablonneuse : le chenal qui fait communiquer la lagune avec la mer est ensablé et ne donne accès qu'aux barques de faible tonnage ; les bâtiments mouillent donc au large.

Sur la passe on trouve le village important de Cotonou et au nord de la lagune la ville de Porto-Novo qui ne compte pas moins de 25.000 hab. sur lesquels une quarantaine de race blanche : missionnaires, religieuses, employés de factoreries, et environ cent créoles Brésiliens. Quelques noirs musulmans originaires de l'intérieur partagent avec ces créoles le petit commerce de la ville.

Les maisons de commerce européennes sont toutes installées à Porto-Novo : on y compte trois factoreries françaises, trois allemandes, une portugaise.

A l'ouest de Porto-Novo se trouvent les territoires de Grand-Popo, d'Agoué et de Porto-Séguro sur lesquels la France a des droits bien établis, mais qui ne sont pas occupés ; il s'y trouve plusieurs factoreries.

Dans tous ces établissements du golfe de Bénin les cultures indigènes se bornent aux vivres nécessaires à la consommation locale, maïs, patates, bananes, manioc, mil, et à l'exploitation du palmier oléifère dont les produits constituent les seuls objets d'exportation.

Les entrées dans le golfe de Bénin, en 1887, ont été de 3.991.767 fr.

et les sorties de 4.905.220. Porto-Novo et Cotonou entrent dans ce mouvement pour les deux tiers ; Grand-Popo, Agoué et Porto-Séguro pour l'autre tiers.

Les principaux articles d'importation sont les genièvres, les tafias, les tissus, le tabac et la poudre.

Le commerce se fait pour les 9/10 par bâtiments étrangers et pour 1/10 seulement sous pavillon français. Le prix du fret de Marseille à Cotonou est de 40 fr. la tonne ; les monnaies anglaises seules ont cours ; les indigènes emploient entre eux comme monnaies divisionnaires des coquillages appelés cauris ; 250 cauris valent environ 1 shelling (1 fr. 25). Il n'y a dans le pays aucune industrie et le grand commerce ne se fait que par échange de marchandises.

Le climat est le même qu'à Grand-Bassam, les règles d'hygiène sont les mêmes ; nous n'y reviendrons pas. A l'exception du commerce, les Européens n'ont rien à tenter à Porto-Novo en raison de la chaleur et de l'insalubrité du climat.

En dehors des dialectes indigènes on parle surtout l'anglais et le portugais : les missionnaires et les religieuses instruisent environ 200 enfants et commencent à leur apprendre le français.

On compte à Porto-Novo environ 2.000 chrétiens et 2.000 musulmans ; le reste est fétichiste.

Les communications avec l'Europe n'ont lieu que par les paquebots allemands partant de Hambourg les 1er et 15 de chaque mois et touchant à Lagos, possession anglaise, 25 jours après. Chaque semaine un petit vapeur allemand va de Lagos à Porto-Novo ; ce dernier trajet est de 24 heures.

Un câble télégraphique anglais atterrit à Cotonou ; le prix du mot de France à Cotonou est de 8 fr. 10.

CONGO-GABON

Géographie physique. — Limites. — Superficie. Nature et configuration du sol.

L'Ouest-Africain se compose de deux territoires distincts au point de vue de l'administration, quoiqu'ils soient contigus et qu'ils soient destinés dans un avenir rapproché à ne former qu'une seule et même colonie :

1° L'estuaire du Gabon, établissement créé en 1843 ;

2° Le Congo français, dont la possession a été assurée à la France et dont les limites ont été tracées par les traités de Berlin des 5 et 26 février 1885, et par le protocole signé à Bruxelles le 29 avril 1887.

Les limites de l'Ouest-Africain sont :

A l'ouest, la mer depuis l'embouchure de la rivière Campo jusqu'à celle de la rivière Tchiloango (1.200 kil. de côtes) ;

Au sud, la rivière Tchiloango, de son embouchure à sa source, puis une ligne brisée allant de la source du Tchiloango au village de Manyanga sur le Congo ;

Au sud-est, le cours du Congo et celui de son affluent l'Oubanghi jusque par 4° de latitude nord.

Au nord, le cours inférieur de la rivière Campo jusqu'aux chutes et une ligne droite se prolongeant jusqu'à la rencontre du méridien 12° 40′ de longitude est de Paris.

La superficie de ce vaste territoire est d'environ 650.000 kil. carrés, soit un cinquième de plus que la superficie de la France.

Il suffit d'un coup d'œil sur la carte pour remarquer qu'il affecte la forme d'un triangle équilatéral dont la pointe est au sud. De cette pointe (très adoucie) partent trois lignes : la côte, à l'ouest ; un massif montagneux, au milieu ; et le cours du Congo, à l'Est. Le massif montagneux envoie à gauche des fleuves vers la mer, et des rivières à droite ; elles se jettent dans le Congo.

Il ne faut pas se figurer le massif montagneux dont nous venons de parler comme une arête à cimes aiguës avec une pente à droite et une à gauche ; c'est plutôt un escalier gigantesque dont le palier supérieur est du côté du Congo et qui descend en étages successifs jusqu'à la mer.

Les fleuves qui descendent cet escalier offrent donc une succession de rapides qui en rendent la navigation impossible, et le Congo lui-même, depuis Stanley-Pool (lac de Stanley) jusqu'à Vivi, sur une longueur de 250 kil., ne présente pas moins de 20 chutes ou cataractes. Il en résulte que la navigation du Congo s'arrête à Vivi et qu'elle ne reprend qu'à Brazzaville sur le Stanley-Pool. Ce dernier point est à 350 mètres au-dessus du niveau de la mer, et Vivi à 35 mètres ; on voit quelle énorme différence de niveau pour une si petite distance et quel obstacle infranchissable à la navigation du fleuve.

Le Congo a un volume d'eau énorme : sur certains points de son cours à l'intérieur il a 20 kil. de largeur ; à son embouchure, il n'en a plus que 12, mais sa profondeur atteint 60 mètres.

La côte est partout basse, sablonneuse, semée de récifs en avant et de lagunes en arrière : on n'y trouve que deux ports : l'estuaire du Gabon et celui du Congo.

Ce dernier n'appartient pas à la France : la rive gauche est au Portugal et la rive droite à l'Etat libre du Congo dont le chef est le roi des Belges.

Description de la côte. — En partant du sud on trouve successivement :

Le Tchiloango, non navigable ;

Le Niari-Quillou, non navigable malgré son grand volume d'eau ; la source de ce fleuve n'est pas éloignée de la rive droite du Congo ;

Le Nyanga, non navigable ;

Le cap Lopez, bonne rade de refuge ;

L'Ogooué, fleuve très considérable, aussi grand que la Loire, mais semé de rapides ; il est praticable à son embouchure aux bâtiments d'un petit tonnage et jusqu'à Njolé, à 380 kil., aux barques de 0m80 de tirant d'eau ;

L'estuaire du Gabon, bassin de 50 kil. de longueur sur 12 à 18 de large et avec des profondeurs qui varient de 5 à 25 mètres ; l'entrée en est très facile. L'estuaire du Gabon reçoit plusieurs rivières : 1° la rivière Como, navigable jusqu'à 100 kil. pour les barques calant 1 mètre 50 ; 2° la rivière Ramboë, navigable pour les mêmes bâtiments jusqu'à 50 kil. ;

Le cap Esteiras ;

La baie de Corisco, et dans cette baie les îles Elobey appartenant à l'Espagne ;

La rivière Muni ;

La rivière Bénito (le territoire situé entre ces deux rivières est revendiqué par l'Espagne) ;

Enfin la rivière Campo qui forme la limite nord.

Au delà la côte appartient à l'Allemagne.

La zone maritime, c'est-à-dire la bande de terre parallèle à la mer sur une largeur de 200 kil., est d'une très grande fertilité. Ce sont des terrains d'alluvion.

La zone montagneuse, d'une largeur de 2 à 300 kil. et disposée en terrasses, est formée de grès et de terrains schisteux-micacés ; elle est couverte d'immenses forêts.

Le plateau supérieur qui descend en pentes douces vers le Congo est une plaine mamelonnée couverte d'immenses prairies et sillonnée de rivières dont le cours est lent et régulier. Les principales de ces rivières sont, en partant du sud :

La Léfini ;

L'Alima dont les sources sont près de celles de l'Ogooué, et la Licona dont le bassin tout entier appartient à la France. Au delà de la Licona se trouve le Congo belge.

Le chef-lieu de nos établissements de l'Ouest-Africain est Libreville sur la côte nord de l'estuaire du Gabon. Libreville compte environ 200 habitants européens et 1.500 indigènes. C'est le siège de toutes les administrations.

27 stations ou postes ont été établies sur la côte, sur le Congo ou sur les rivières ; ces établissements comportent en général une maison d'habitation pour le chef de poste, des magasins, une poudrière, un observatoire météorologique, un sanitorium ou infirmerie, un jardin d'essai et des cases pour les gardiens ou miliciens indigènes.

11 stations sont établies sur l'Ogooué,
4 — — l'Alima,
3 — — le Niari-Quillou,
4 — — le Congo,
2 — — l'Oubanghi,
5 — — la Côte.

Population. — Races indigènes. — Religion.

Il n'est pas possible de donner une évaluation même approximative du chiffre de la population de l'Ouest-Africain. En général les vallées sont assez peuplées ; la partie montagneuse est presque inhabitée ; sur le haut plateau la population est très clairsemée, et la plupart des tribus sont nomades. Beaucoup de régions sont encore inconnues et il se passera bien des années avant qu'un recensement puisse être fait.

La population européenne, non compris la garnison et les équipages de la marine, est de 300 âmes.

Au point de vue ethnologique, les populations peuvent être classées en trois groupes :

1° Les Négritos ou Négrilles, race de très petite taille, agiles, craintifs, médiocrement intelligents, dominés et opprimés par les autres races nègres ;

2° Les Bantous, race dominante dans l'Afrique centrale et qui offre tous les caractères de la vraie race nègre : peau très noire, prognathisme et dolichocéphalie très accentués (Dolichocéphalie : front fuyant et crâne allongé ; brachycéphalie : front bombé et crâne rond ; prognathisme : mâchoires et lèvres en avant, nez aplati);

3° Les M'Pongoués et les Pahouins, plus intelligents et un peu moins éloignés de la race blanche : peau de coloration acajou foncé.

Tous ces nègres sont fétichistes ou ne paraissent avoir aucune religion.

Productions du sol. — Mines. — Forêts.

Le nègre ne cultive que les plantes nécessaires à sa consommation ; dans l'Ouest-Africain sa nourriture se compose de manioc, de bananes, de patates, d'ignames et de maïs. Il a été fait des essais de riz, de cacao, d'arachides, de vanille, de canne à sucre, de coton, de café et de tabac. Ces trois dernières plantes viennent médiocrement, les autres parfaitement. Malheureusement, le nègre est tellement paresseux qu'il est très difficile de l'employer aux travaux de culture. Au fur et à mesure que ses besoins augmenteront, il deviendra plus laborieux et plus industrieux ; actuellement, pour avoir un fruit il coupe l'arbre, pour défricher il incendie.

Les seuls produits d'exportation du pays sont donc les produits naturels venant d'eux-mêmes sans culture ou obtenus sans travail : le bois de santal, le bois d'ébène, l'ivoire, le caoutchouc et l'huile de palme.

Le palmier oléifère remplit les forêts du Gabon et du Congo ; tous les terrains semblent lui convenir, et, quoiqu'il soit négligé, il se multiplie prodigieusement. Ce sera plus tard une énorme source de richesse quand les indigènes voudront bien se donner la seule peine de ramasser les fruits et de les apporter à nos comptoirs.

La liane qui produit le caoutchouc pousse spontanément, et les nègres, pour en récolter le jus, coupent la plante ; avec un peu de culture et quelques soins dans la façon de récolter, la quantité produite peut centupler.

Le bois rouge (santal) et le bois noir (ébène) poussent au hasard dans les forêts.

Nous le répétons, en dehors des petites plantations potagères strictement nécessaires à leur consommation, les nègres ne font aucune culture, et dans tout l'Ouest-Africain (65 millions d'hectares), il n'existe que deux établissements agricoles : la ferme des missionnaires à Sainte-Marie, près de Libreville (60 hectares cultivés) et la ferme de Sibangué appartenant à la maison allemande Woërmann (50 hectares cultivés).

La faune est très variée : éléphants, hippopotames, buffles, sangliers, panthères, crocodiles, chimpanzés, gorilles, etc.

Forêts. — Tout le massif montagneux qui sépare le bassin du Congo des bassins côtiers est couvert d'immenses forêts. Les principales essences sont : l'ébène, le santal, le campêche, le palmier oléifère, le cocotier, l'acajou, le landolphia (liane dont la sève donne le caoutchouc), etc.

Les procédés d'exploitation sont des plus simples : les arbres sont coupés et débités près des fleuves, jetés et abandonnés au courant. Chacun reconnaît son bien aux marques qu'il a faites sur le tronc.

Mines. — Le pays a été trop peu exploré pour que les gisements soient connus ; on sait seulement qu'il y a beaucoup de fer dans la vallée de l'Ogooué et beaucoup de cuivre dans celle du Niari-Quillou.

Industrie. — Commerce. — Navigation.

Il n'y a, dans l'Ouest-Africain, aucune industrie en dehors de quelques presses ou moulins à huile de palme. Cet outillage est tout à fait primitif.

Tableau du commerce du Gabon en 1887.

1º COMMERCE ENTRE LA FRANCE ET LA COLONIE DU GABON

Importations de France dans la colonie............ 638.397f }
Exportations de la colonie pour la France.......... 259.692 } 898.089

2º COMMERCE ENTRE LE GABON ET LES AUTRES COLONIES FRANÇAISES

Exportation pour les colonies et pêcheries françaises. { Importation des colonies et pêcheries françaises..................... » 7.784f }
Denrées et marchandises de la colonie. » » } 21.493
Denrées et marchandises provenant de l'importation..... { Françaises.......... 3.600f } 13.709
Etrangères.......... 10.109 }

3° COMMERCE DE LA COLONIE DU GABON AVEC L'ÉTRANGER

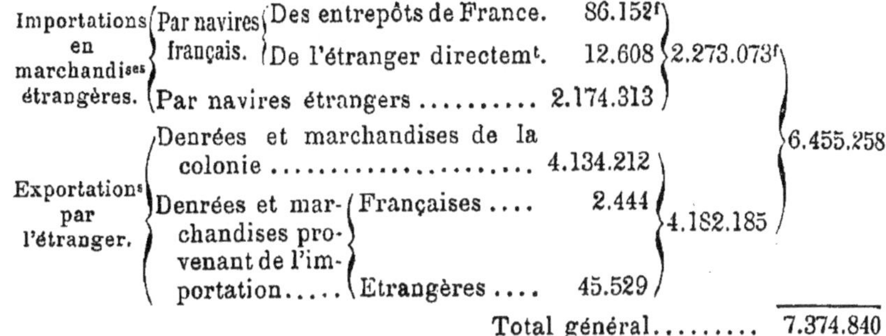

Total général......... 7.374.840

Les articles d'importation sont les mêmes qu'au Sénégal. L'exportation consiste principalement en ivoire, caoutchouc, amandes de palme, huile de palme, bois d'ébène et bois rouge.

Le commerce, dans l'Ouest-Africain, ne se fait absolument que par voie d'échange. Il est de notre devoir de faire observer, qu'avant d'entreprendre des opérations commerciales sur la côte occidentale d'Afrique, il est indispensable d'y faire un voyage et d'y étudier les goûts et les mœurs des indigènes, les articles en usage et les objets d'échange ; un examen préalable sur place fera éviter bien des mécomptes et permettra aux négociants d'évaluer les frais généraux qui ne laissent pas d'être fort élevés.

Le traité de Berlin, de février 1885, a stipulé d'une façon expresse que toutes les nations jouiraient d'une complète liberté de commerce dans tout le bassin du Congo et dans les bassins du Tchiloango, du Niari-Quillou et du Nyanza. L'ensemble de ces territoires forme ce que l'on appelle le bassin conventionnel du Congo. L'Ogooué et l'estuaire du Gabon n'en font pas partie.

Par liberté du commerce, on entend : le libre accès de tous les pavillons, — la faculté d'entreprendre toute espèce de commerce, d'industrie, de transports, de cabotage maritime ou fluvial, — l'entrée et transit en franchise de toute marchandise sans autres taxes que celles perçues comme compensation de dépenses utiles faites pour le commerce, — l'interdiction de tout droit différentiel, de monopole ou privilège.

Les droits à l'exportation sont admis, et ces stipulations sont valables pour vingt années.

Tableau de la navigation en 1887.

Entrées	9 bâtiments français jaugeant............	3.811 T
	125 — étrangers —	88.621 T
Sorties	13 — français —	3.419 T
	111 — étrangers —	90.456 T

Le prix du fret est assez variable suivant la nature des marchandises ; on peut l'évaluer pour l'Europe à 50 ou 60 fr. la tonne.

Situation monétaire. — Banque. — Budget.
Conditions de l'existence.

Tout le commerce se faisant par échanges de marchandises, les monnaies n'ont cours dans l'Ouest-Africain qu'entre Européens et seulement à Libreville. Les plus usitées sont les monnaies anglaises et françaises.

Le budget en recettes et dépenses (non compris les frais d'établissements et d'exploration dans le Congo, qui ont été en 1887 de 1.600.000 fr.) est de 480.000 fr. auxquels l'Etat concourt pour une somme de 45.000 fr.

Il n'existe aucune banque dans la colonie.

Conditions de l'existence. — L'indigène vit de manioc, de bananes, de patates, d'ignames ; il habite dans des cases et a si peu de besoins qu'il est très difficile de le décider à travailler. Quand il veut bien se louer comme journalier, on le paye en spiritueux, en tabac, en cotonnades.

Près de nos comptoirs, il exerce souvent la profession de traitant ; il va dans l'intérieur échanger les marchandises européennes qui lui sont confiées par les négociants contre les productions du pays. Ces noirs sont malheureusement très fourbes et volent tant qu'ils peuvent des deux côtés.

Tous les objets de consommation venant d'Europe, les conditions de l'existence pour l'Européen sont assez onéreuses. Il ne peut d'ailleurs occuper son activité ni dans l'industrie (il n'y en a pas), ni dans la culture (le climat ne le lui permet pas), ni dans

les travaux manuels (les besoins sont trop limités et trop inter-
mittents). Il ne peut donc être que directeur ou employé d'une
entreprise commerciale, et il ne peut réussir qu'à la condition
de bien connaître le pays.

Climat. — Météorologie. — Hygiène.

La température dans l'Ouest-Africain est fort élevée : de 25 à
40 degrés pendant le jour et de 18 à 30 pendant la nuit.

Il y deux saisons : la saison sèche : mai, juin, juillet, août, et
l'hivernage (ou mois pluvieux) pendant le reste de l'année. Cependant, décembre est quelquefois assez sec. La saison pluvieuse
est souvent accompagnée de violents orages ; la direction générale des vents varie du nord-ouest au sud-ouest ; les marées
sont peu élevées : 1 m. 60 en morte eau et 2 m. 10 en vives eaux.

Le Gabon n'est pas aussi malsain qu'on pourrait le croire, eu
égard à l'élévation de la température et à l'humidité du climat.
La dyssenterie et les maladies du foie sont très rares ; les maladies
les plus à redouter sont les fièvres pernicieuses et bilieuses. Les
meilleurs moyens d'y échapper sont un logement sain, une bonne
alimentation, une vie très réglée, pas d'usage de spiritueux, des
bains fréquents, éviter les insolations, se lever matin, porter de
la flanelle et un casque de liège, prendre du vin de quinquina ;
enfin, un séjour en Europe au moins tous les deux ans.

Routes et travaux publics. — Instruction publique.

En dehors de quelques tronçons de chemins aux environs de
Libreville, il n'existe pas de voies de communication terrestres
dans l'Ouest-Africain ; on n'y trouve que des sentiers ou pistes
praticables seulement aux piétons.

M. de Brazza a ouvert une voie de 120 km. entre le haut Ogooué
et l'Alima ; mais, nous le répétons, cette route n'est qu'un sentier.
Il n'y a, d'ailleurs, dans ce pays, ni ânes ni chevaux ni bœufs
porteurs comme au Sénégal ; tous les transports se font à dos
d'hommes.

Sur les fleuves, et particulièrement sur le Como, le Rhamboë et l'Ogooué, les marchandises sont transportées par des pirogues. Sur l'Ogooué particulièrement une flottille de 100 pirogues, qui comportent chacune quinze pagayeurs, a été organisée et rend de grands services ; on s'occupe actuellement d'en établir une moins considérable sur le Niari-Quillou.

La colonie dépense annuellement 180.000 fr. en travaux publics, mais cette somme s'applique presque exclusivement au port de Libreville.

Le but à atteindre est de faire arriver à la côte (et le meilleur point est l'estuaire du Gabon, vaste et magnifique port) tous les produits du bassin du Congo, c'est-à-dire de la partie la plus fertile de l'Afrique méridionale et d'une immense étendue, puisqu'on peut l'évaluer à six fois la superficie de la France. La meilleure solution serait évidemment une voie ferrée partant du Gabon, rejoignant le bassin de l'Ogooué, suivant celui de la Licona et atteignant le Congo vers l'Equateur.

Ce n'est absolument qu'une question de temps et d'argent.

Instruction publique. — On compte dans la colonie 8 écoles de garçons et 2 écoles de filles instruisant environ 400 enfants ; ces écoles sont dirigées par des missionnaires et par des religieuses.

Postes. — Télégraphes.
Communications avec la Métropole.

Il n'existe dans la colonie ni service postal ni service télégraphique.

Les établissements de la côte de Guinée et du Gabon-Congo viennent d'être reliés à la France par une ligne de paquebots. Ces bâtiments partent chaque mois alternativement du Hâvre-Bordeaux et de Marseille.

Leur marche est indiquée ci-dessous :

Le Hâvre, départ le 7.

Bordeaux — le 10 ; arrivée à Dakar le 20

— Conakry le 23

— Grand Bassam le . . . 26

— Cotonou le 29

Bordeaux, départ le 10 ; arrivée à Libreville le 3

          —   Loango le 7

Marseille   —   le 10 ; arrivée à Oran le 13

          —   Dakar le. 23

          —   Conakry le 25

          —   Grand Bassam le. . . 1er

          —   Cotonou le 7

          —   Libreville le 11

          —   Loango le 13

Ces paquebots suivent au retour le même itinéraire ; ils partent de Libreville le 2 de chaque mois.

On remarquera qu'en partant de Marseille la durée du trajet est plus longue de six jours ; cela tient à ce que plusieurs colonies étrangères (qu'il est inutile de mentionner ici) sont desservies par cette ligne.

Les émigrants peuvent se servir de la voie portugaise ou de la voie allemande :

Voie portugaise. — Départ de Lisbonne le 6 de chaque mois et arrivée à San-Thomé vingt jours après. Départ de San-Thomé le 25 de chaque mois et arrivée à Lisbonne vingt jours après.

De San-Thomé un petit vapeur local se rend au Gabon en 30 heures.

Voie allemande. — Départ de Hambourg le 30 de chaque mois et arrivée au Gabon vingt-cinq jours après. Départ du Gabon le 15 de chaque mois et arrivée en Europe vingt-cinq jours après.

Un petit vapeur allemand parcourt tous les mois la côte de Biafra et dessert une partie de l'Ouest-Africain. Libreville, le cap Lopez et l'embouchure de l'Ogooué sont ainsi en communications mensuelles.

Un câble télégraphique anglais touche à Libreville ; la taxe du mot du Gabon en France est de 8 fr. 40.

COTE ORIENTALE D'AFRIQUE

La France possède sur la Côte orientale de l'Afrique un empire colonial très étendu et qui se compose, au point de vue géographique, de quatre parties bien distinctes :

1º L'île de Madagascar et ses dépendances immédiates : Sainte-Marie et Nossi-Bé ;

2º Au nord-ouest de Madagascar, le groupe des Comores : Grande-Comore, Mohéli, Anjouan et Mayotte ;

3º A l'est de Madagascar, l'île de la Réunion ;

4º A l'entrée du détroit de Bab-el-Mandeb, le territoire d'Obock.

Ces pays ne sont pas tous placés, au point de vue politique, dans la même situation vis-à-vis de la métropole.

L'île de la Réunion est une de nos plus anciennes possessions.

Les îles de Sainte-Marie, sur la côte orientale de Madagascar, et de Nossi-Bé, sur la côte occidentale, sont des colonies françaises.

La baie de Diégo-Suarez, à la pointe nord de Madagascar, est également une possession française.

L'île de Madagascar, moins la baie de Diégo-Suarez, est simplement placée sous notre protectorat.

Dans le groupe des Comores, Mayotte est une colonie, et les trois autres îles sont pays de protectorat.

Une portion du territoire d'Obock constitue une colonie, l'autre un pays de protectorat.

MADAGASCAR

Les premiers établissements français à Madagascar remontent au règne de Louis XIII (1642). Nous citerons rapidement toutes les tentatives malheureuses faites depuis cette époque pour établir et pour affirmer dans cette grande île la domination française : Pronis en 1644, Flacourt en 1648, la Constitution de la Compagnie des Indes orientales en 1664 et le retour de l'île à la Couronne en 1670, les Edits de 1720 et 1721, l'expédition de Beniowski de 1772 à 1786, l'expédition de l'amiral Gourbeyre en 1829.

Malgré ces insuccès, la France maintenait toujours ses droits à la possession de Madagascar.

En 1883 le gouvernement actuel, à la suite de conflits très graves avec le gouvernement hova, envoya une escadre qui, sous les ordres des amiraux Pierre, Galiber et Miot, infligea aux Hovas de tels échecs qu'ils durent se résigner à traiter.

Par la convention du 17 décembre 1885, le gouvernement français reconnaissait la reine pour souveraine de Madagascar, mais d'autre part le gouvernement hova reconnaissait notre protectorat. Les relations extérieures de la cour d'Emyrne étaient confiées à un résident français et la baie de Diégo-Suarez nous était cédée en toute propriété.

Il restait entendu que nous ne devions pas nous immiscer dans l'administration intérieure.

Géographie physique. — Limites. — Superficie, Nature et configuration du sol.

L'île de Madagascar est située dans l'océan Indien et près de la côte orientale de l'Afrique dont elle est séparée par le canal de Mozambique ; ce canal, dans sa partie la plus étroite entre la ville de Mozambique et le cap Saint-André, ne mesure pas plus de 400 kil. Cette grande île s'étend du 12ᵉ au 25ᵉ degré de latitude sud et du 42ᵉ au 48ᵉ degré de longitude est. Elle a 1.550 kil. de longueur sur une largeur moyenne de 450 k. ; sa superficie est de 590.000 kilomètres carrés, c'est-à-dire notablement supérieure à celle de la France.

Une longue chaîne de montagnes part du cap d'Ambre au nord de l'île, court parallèlement à la côte orientale et vient aboutir au sud au cap d'Andrahum. Cette chaîne est formée de roches basaltiques ; elle est haute de 800 à 1.000ᵐ et ne s'écarte pas de plus de 100 k. de la côte. Une deuxième chaîne s'étend parallèlement à la première à une distance qui ne dépasse pas 50 k. ; sa hauteur moyenne est de 1.200ᵐ et quelques-uns de ses pics dans le massif d'Ankaratra, au centre de l'île, atteignent 2.600ᵐ ; elle est de formation granitique. Cette deuxième chaîne s'abaisse assez brusquement vers l'ouest pour former un immense plateau sablonneux élevé seulement de 200ᵐ au-dessus du niveau de la mer. En résumé, un noyau granitique entouré d'une ceinture de terrains tertiaires.

On voit donc que l'île de Madagascar est divisée en deux versants. Le versant oriental, très étroit, est sillonné par beaucoup de rivières torrentueuses, d'un cours très restreint et semé de rochers et de rapides ; en arrivant à la mer, ces rivières rencontrent le grand courant indien, qui va du nord au sud et refoule leurs eaux. Il se produit donc là le même phénomène que sur les côtes de Guinée et que nous avons déjà décrit : formation de barres, de dunes et de lagunes.

Le versant occidental, beaucoup plus large, donne naissance à des rivières importantes par leur débit et par la longueur de leur cours ; nous citerons seulement le Mangoka et l'Ikopa qui ont de

4 à 500 k. de longueur; ces rivières ne sont malheureusement navigables que pour les barques de petit tonnage.

Tout autour de l'île, il y a une véritable ceinture de bois : dans la partie orientale surtout, les pentes sont couvertes d'une végétation luxuriante et le sol est excessivement fertile. La partie occidentale est plus sablonneuse; la plupart des plateaux de l'intérieur sont stériles, rocailleux et on n'y trouve de cultures qu'au bord des rivières. La région méridionale de l'île est très dépourvue d'eau.

On trouve successivement en partant du nord et sur la côte occidentale :

Le cap d'Ambre, à l'extrême nord de l'île ;

Le cap Saint-Sébastien ;

L'île de Nossi-Mitsiou ;

L'île de Nossi-Bé, dont nous parlerons plus longuement ;

L'immense baie de Passandava, très sûre et profonde ;

La baie de Bombetok, dans laquelle se trouve Mayunga, port important de 6.500 habitants, qui manque malheureusement d'eau douce ;

Le cap Saint-André, le point le plus rapproché de la côte d'Afrique ;

La baie de Saint-Augustin, dans laquelle se trouve le bourg important de Tolia ou Tuléar, 4.000 habitants.

Enfin le cap Sainte-Marie, à l'extrême sud.

En remontant la côte orientale, on trouve ensuite :

Le cap d'Andrahum ;

Le fort Dauphin, actuellement en ruines, le plus ancien de nos établissements puisqu'il a été construit par Pronis en 1644 ;

La ville de Tamatave, 9.500 habitants. Commerce important, port et rade médiocres ;

Foulepointe, 2.000 habitants ;

Fénérife, mauvaise rade ;

L'île de Sainte-Marie, dont nous parlerons plus longuement ;

Tintingue, mauvaise rade ;

La baie d'Antongil ;

Vohémar, assez bon port, commerce important, 4.000 habitants ;

Et enfin la baie de Diégo-Suarez, très sûre et assez vaste pour contenir les plus grandes flottes. La France y a créé des établissements maritimes et militaires fort importants : chantiers, ateliers, casernes, hôpital, etc. ; un bourg s'y est établi et augmente tous les jours d'importance ; il n'y avait pas un habitant en 1885 et il y en a actuellement 3.000.

Dans l'intérieur de l'île, il n'y a pas d'autres villes importantes que Fianarantsoa, chez les Betsiléos, 8.000 habitants, et Tananarive, capitale du royaume hova, 55.000 habitants.

Population. — Races indigènes. — Religion.

La population totale de l'île de Madagascar, d'environ 4 millions d'habitants, est partagée en deux races absolument distinctes : la race malaise et la race nègre. A la première appartiennent les Hovas ; ils ont le teint olivâtre, les cheveux noirs et lisses, peu de prognatisme ; ils sont fourbes, avides, menteurs, cruels ; mais intelligents, actifs, assez laborieux, avides de progrès, capables d'atteindre un plus haut degré de civilisation. On suppose que leur arrivée dans l'île date de cinq cents ans. Fortement organisés, ils ont soumis la plupart des tribus nègres et ont étendu leur domination sur presque toute l'île.

Leur langue n'a aucun rapport avec celles de l'Afrique ; un grand nombre de termes et certains rites qu'ils ont conservés, entre autres le culte des ancêtres, indiquent bien, en dehors d'autres caractères, leur communauté d'origine avec la race jaune.

Le régime politique des Hovas est la monarchie avec une aristocratie très puissante ; le peuple vit dans un état de dépendance qui rappelle le servage dans l'Europe du moyen âge.

Depuis le commencement du siècle, les méthodistes anglais ont fait une propagande active et ont réussi à convertir au christianisme une partie notable de la population hova.

Les missions catholiques ont peu d'adhérents. On estime la population hova à un million d'habitants.

La race nègre, du type Cafre, occupe le reste de l'île. Elle est assez mélangée de sang arabe et de sang indien. Les principales tribus sont :

Les Sakalaves, nos plus anciens alliés, 1.000.000 d'habitants ; ils habitent la côte occidentale ;

Les Betsiléos, au sud des Hovas, 600.000 habitants ; ils parlent la même langue que les Hovas et se sont beaucoup croisés avec eux;

Les Bares, au sud des Betsiléos, 200.000 habitants ;

Les Betsimisakaras, sur la côte orientale, 400.000 habitants ;

Les Antakaras, au nord, 200.000 habitants.

Ces nègres ont les qualités et les défauts de leur race, mais ils sont nos meilleurs points d'appui contre les Hovas, dont ils redoutent beaucoup la domination et les exactions. Ils sont fétichistes ; les missions catholiques, auxiliaires très précieux pour la France, ont ouvert, sur divers points, des églises, des écoles, et, sous notre protectorat, leurs progrès s'accentuent tous les jours.

Un résident général, placé par le gouvernement français à Tananarive, est chargé de veiller à l'exécution du traité du 17 décembre 1885. Il a particulièrement dans ses attributions la surveillance et la direction des affaires extérieures de la cour d'Emyrne. Quatre vice-résidents, sous ses ordres, sont placés à Mayunga et à Tolia, sur la côte occidentale ; à Fianarautsoa, chez les Betsiléos ; et à Tamatave, sur la côte orientale.

En outre, sur des points moins importants, les contrôleurs des douanes sont, avec le titre d'agents de résidence, chargés de veiller aux intérêts des négociants, colons ou émigrants français.

Productions du sol. — Mines. — Forêts.

L'île de Madagascar a les produits les plus variés, et son sol, en raison des différences d'altitude et de l'abondance des eaux, est apte à presque toutes les cultures.

Le riz y est très abondant (riz des plaines et riz des montagnes) ; l'orge, le froment, l'avoine, le maïs, le millet y viennent parfaitement. Les indigènes cultivent, pour leur consommation, le manioc, la patate, l'igname, la banane. Les essais de vigne, de grenadier, d'oranger, de citronnier ont très bien réussi. Les plantes oléagineuses, sésames, arachides, ont donné de très bons résultats. Le coton pousse à l'état sauvage dans toute l'île, et les vers à soie vivent à l'air libre sur deux arbustes, le tapia et l'ambatry ; la soie est de bonne qualité. Le caféier est malheureusement atteint d'une maladie qui a détruit les plantations.

La vanille, le tabac, le poivre, l'indigo, le gingembre, la muscade, la cannelle ont réussi partout où leur culture a été tentée.

Les plantations considérables de cannes à sucre de MM. Laborde et de Lastelle ont donné des résultats magnifiques ; mais ces établissements ont été détruits par les Hovas.

A ces produits, il faut ajouter le caoutchouc (la liane qui le produit pousse partout spontanément), l'orseille, lichen qui donne une magnifique teinture pourpre ; le miel, la cire, la gomme copal, les bois de construction et d'ébénisterie, l'écaille de tortue.

Les bœufs sont en très grande abondance (bœufs à bosse ou zébus) ; on rencontre, en outre, dans les plaines d'immenses troupeaux de bœufs sauvages.

Il y a de nombreux troupeaux de moutons à grosse queue, et beaucoup de volailles. Les suifs et les laines n'ont presque aucune valeur.

La faune et la flore de l'île de Madagascar sont représentées par des espèces qui lui sont propres, et qu'on ne rencontre sur aucun autre point du globe. On trouve aux environs du cap Sainte-Marie des terrains couverts de débris d'œufs d'epyornis, oiseau gigantesque, de la famille des autruches, et dont l'œuf a une capacité de huit litres. Il est probable qu'il n'y a pas très longtemps que l'espèce a disparu.

Mines. — Le fer est très commun dans l'île ; on a constaté l'existence d'importants gisements de cuivre et de plomb au sud-ouest de Tananarive. Les Hovas exploitent des mines d'or à Marovoay, dans la vallée de l'Ikopa, et il y en a sur beaucoup d'autres points. On trouve du cristal de roche, par blocs énormes, dans le nord de l'île. Enfin, on a reconnu, dans la baie de Passandava, à Ambavatoby et à Bavatoubé, en face de Nossi-Bé, des couches de charbon de terre qui offrent presque toutes les variétés des houilles grasses et sèches. Ces gisements sont deux fois plus considérables que les gisements houillers de la France, et d'une extraction très facile, puisqu'ils sont presque à fleur de terre. Près du cap Saint-André, on connaît une couche de bitume très étendue ; et près de Tananarive, des sources de pétrole.

Toutes ces richesses restent improductives : la législation hova punit de vingt ans de fers les fouilles et recherches de minerais.

Forêts. — Les forêts qui bordent l'île et l'immense massif de Manérinérina dans l'intérieur contiennent les essences les plus variées ; l'absence de routes en rend l'exploitation impossible.

Industrie. — Commerce. — Navigation.

Les Malgaches fabriquent eux-mêmes les objets de consommation courante, mais n'ont pas de grande industrie. Ils tissent à la main des étoffes de coton et de soie ; ils préparent les peaux de bœufs avec l'écorce du palétuvier, aussi riche en tan que le chêne ; enfin, ils ont des briqueteries et des poteries.

Commerce. — Le commerce de la côte occidentale de Madagascar vient, pour la plus grande partie, se concentrer à Nossi-Bé. Les boutres arabes parcourent la côte, pénètrent dans les rivières ou dans les petits ports, où les grands navires ne trouveraient qu'un mouillage insuffisant, échangent les produits naturels de l'île contre les produits manufacturés d'Europe, qu'ils ont reçus à Nossi-Bé, et reviennent dans cette petite île décharger leurs marchandises. Le long de la côte, ils trouvent des agents, le plus souvent indiens, qui facilitent leurs transactions. Ces courtiers indiens reçoivent en consignation de l'intérieur tous les produits naturels, et les échangent en paiement contre les objets manufacturés.

A Nossi-Bé, des navires français, anglais, allemands viennent, à époques fixes, apporter des marchandises et prendre livraison des produits qui y sont accumulés.

Nous donnons plus bas le chiffre des transactions faites à Nossi-Bé.

Les principaux articles d'importation sont :

Les cotonnades, anglaises ou américaines pour la plupart. Les indigènes recherchent les étoffes à très bon marché ; la qualité leur importe peu ; aussi, les produits français ne trouvent pas d'acquéreurs.

Les vins, liqueurs fines : produits français.

Les rhums et taflas, venant de Maurice surtout, et un peu de la Réunion.

L'huile de pétrole, la poudre et les armes : produits belges ou anglais.

La quincaillerie et la mercerie : produits français.

Le port de Mayunga fait directement quelques affaires par bâtiments américains.

Sur la côte orientale, le commerce est concentré à Vohémar et à Tamatave. Les articles d'importation sont les mêmes que ceux cités ci-dessus.

Les principaux produits d'exportation sont :

Les peaux de bœufs..............	prix : 120 fr. les 100 kilog.	
Le suif........................	— 50 fr.	—
Le caoutchouc..................	— 225 fr.	—
La gomme copal................	— 140 fr.	—
L'orseille.....................	— 80 fr.	—
L'écaille de tortue, la belle qualité.	— 40 fr. le kilog.	

Et en outre, le miel, la cire, les bois de construction et d'ébénisterie, etc.

En 1884, dix mille bœufs sur pied ont été exportés de la côte orientale pour Maurice et pour la Réunion.

Sur la plupart des points de la côte orientale, les affaires se traitent en argent ; le plus souvent, elles se font par échange sur la côte occidentale.

Presque partout, un bœuf vaut de 30 à 40 fr. en marchandises, un mouton ou un porc vaut de 2 à 5 fr.

Il est fort difficile d'évaluer le commerce de Madagascar. On n'a, à ce sujet, qu'une seule indication : le gouvernement hova frappe les produits d'importation et d'exportation de 10 0/0 *ad valorem*. Or, avant la guerre, il retirait de ces droits cinq à six millions : cela donnerait donc un commerce général de cinquante à soixante millions. Mais il faut observer que tous les ports n'avaient pas de douanes, surtout ceux du sud ; il faut, en outre, tenir compte des fraudes des agents douaniers hovas, des introductions en contrebande, des dissimulations de valeur, etc.... Peut-être ne sera-t-on pas très loin de la vérité en portant le commerce général de l'île à 100 ou 120 millions.

D'autre part, les chiffres officiels pour l'année 1888 accusent seulement

à l'Importation . . . . 4.100.000 fr.
à l'Exportation . . . . 4.300.000 fr.

Total. . . . . . 8.400.000 fr.

La France n'entrerait dans ces transactions que pour 2.300.000 fr.

Ces chiffres sont fort éloignés de ceux que nous donnons plus haut (extraits des notices coloniales publiées à l'occasion de l'exposition d'Anvers); il est vrai qu'ils ne s'appliquent qu'aux ports ouverts au commerce et contrôlés par les agents français.

Navigation. — Il n'existe pas de statistique du mouvement de la navigation à Madagascar. Le long des côtes, le commerce se fait surtout par les boutres arabes, dont le fret est peu élevé. Entre les Mascareignes et Madagascar, les pavillons français et anglais ont à peu près le même chiffre de tonnage. Le pavillon allemand augmente tous les jours d'importance.

Situation monétaire. — Banques. — Budget. — Conditions de l'existence pour l'Indigène et pour l'Européen.

Ainsi que nous l'avons dit plus haut, beaucoup de transactions se font par échanges de marchandises ; là où les paiements se font en argent et dans les centres principaux sur les côtes ou dans l'intérieur les seules monnaies ayant cours sont les monnaies françaises (principalement la pièce de 5 fr. appelée piastre) et les monnaies anglaises de l'Inde : la roupie et ses divisions. — Le cours de la roupie varie de 2 fr. à 2 fr. 50.

Banques. — Le comptoir d'escompte a deux succursales, l'une à Tamatave et l'autre à Tananarive : il y a en outre dans les principaux ports et à Tananarive des courtiers indiens qui font quelques opérations de prêts sur marchandises et des avances basées sur la solvabilité de l'emprunteur ; aussi le taux de l'intérêt qu'aucune loi ne fixe atteint-il une proportion inimaginable ; il monte quelquefois jusqu'à 30 0/0 par mois, c'est-à-dire 360 0/0 par an ! Il suit de là que les opérations commerciales se font toutes au comptant.

Budget. — Le budget du royaume hova a pour principales ressources les droits de douane qui montent à 5 ou 6 millions et une cote personnelle qui produit environ 1 million.

La France dépense environ 500.000 fr. en frais de protectorat et en travaux publics à Diégo-Suarez.

Conditions de l'existence. — Les Indigènes vivent de riz, de viande de bœuf, de mouton, de porc, de volaille et de poisson sur la côte ; ils s'habillent avec des cotonnades anglaises ou américaines ; ils tissent eux-mêmes quelques étoffes de coton ou de soie ; ils habitent le plus généralement des paillottes.

Les transports se font à dos d'hommes : les porteurs prennent des charges qui varient de 25 à 40 k. et demandent 3 piastres (15 f.) pour le voyage de Tananarive à Tamatave, plus le riz nécessaire à leur nourriture. — Entre ces deux villes la distance est à peu près de 250 kil.

Le riz vaut environ 20 fr. les 100 kil. et un homme en consomme au moins 1/2 kilo par jour.

Sur les points où les nègres se louent comme journaliers la journée est payée de 0 fr. 60 à 0 fr. 80, sans nourriture.

La nourriture de l'indigène qui consiste, comme on l'a vu plus haut, en riz, viande et poisson, peut convenir à l'européen. Toutes ces denrées sont à très bon marché ; les prix courants sont : pour un bœuf, de 40 à 50 fr. ; pour un mouton ou un porc, de 2 à 5 fr. Les logements sont chers ; à Mayunga une petite maison vaut 200 fr. par mois ; les constructions sont d'ailleurs en pierre et faites dans d'assez bonnes conditions. Si l'européen veut se contenter d'une case ou d'une paillotte il se loge alors pour rien.

Les boissons et denrées importées d'Europe atteignent des prix assez élevés.

A Madagascar l'européen doit être l'élément dirigeant et laisser aux indigènes des travaux peu rémunérateurs et que leur constitution supporte sans danger. Mais il y a un grand nombre d'entreprises commerciales qu'il peut entreprendre avec de grandes chances de succès à la condition d'avoir quelques capitaux et de l'esprit de suite. Il faut avant tout étudier les localités et leurs ressources, se créer des relations avec les traitants ou courtiers indiens qui sont les meilleures intermédiaires avec les indigènes et bien étudier les questions de fret et de transport.

Il y aura bien des industries à créer : scieries, tanneries, briqueteries, sucreries, distilleries, industries minières, métaux, charbons, bitumes, pétroles, etc...

Tout ce progrès est subordonné à l'extension de notre protectorat, à l'établissement de routes et à la modification de la législation hova.

Nous ne pensons pas qu'actuellement les professions manuelles puissent être rémunératrices ; elles ne peuvent guère être exercées que par les noirs ou par les créoles de Maurice ou de la Réunion.

Climat. — Météorologie. — Hygiène.

L'île de Madagascar étant située entre le 12e et le 25e degré de latitude sud, son climat est celui des pays chauds ; et comme elle appartient à l'hémisphère sud, les saisons sont interverties : la température la plus chaude a lieu en janvier, et la plus fraîche en juillet.

Il y a deux saisons : l'hivernage ou saison chaude et pluvieuse, de novembre à avril, pendant laquelle le thermomètre oscille entre 25 et 35 degrés ; la saison sèche et relativement fraîche, de mai à octobre, pendant laquelle le thermomètre marque de 15 à 30 degrés.

Ces observations s'appliquent surtout à la côte occidentale. Sur la côte orientale, les différences sont moins tranchées. Dans l'intérieur et sur les plateaux, on trouve plus de fraîcheur.

Le baromètre oscille entre 0,755 et 0,765.

Le climat, surtout sur la côte occidentale, n'est pas, à beaucoup près, aussi malsain qu'on s'est plu à le dire. Les fièvres, la dyssenterie et les maladies du foie sont, comme dans presque tous les pays tropicaux, les affections les plus à redouter. On les prévient ou on les enraye par l'usage raisonné du sulfate de quinine, par une bonne alimentation, une habitation saine et une vie réglée. Les principes d'hygiène que nous avons donnés dans notre étude sur le Sénégal et le Congo sont applicables à Madagascar.

Routes et Travaux publics. — Instruction publique.

Il n'existe aucune route dans l'île, et il ne peut pas y en avoir : le gouvernement hova interdit, sous les peines les plus sévères, l'ouverture, le redressement, la réparation, l'entretien de tout chemin, piste ou sentier. Des négociants se sont vu refuser l'autorisation de jeter une passerelle en bois sur des ruisseaux qui divisent leurs propriétés.

Tout est donc à faire, routes, ponts, canaux, ports, jetées, phares, desséchements de marais, conduites d'eau douce, etc.... Il faut espérer que nos résidents acquerront plus tard sur le gouvernement hova assez d'influence pour le décider à modifier sa législation, et à ouvrir le pays à la civilisation européenne.

A Diégo-Suarez, la France dépense tous les ans de 3 à 400.000 francs en travaux publics.

Instruction publique. — Dans la portion de l'île soumise aux

Hovas, il existe un assez grand nombre d'écoles ; elles sont tenues par des méthodistes anglais, qui y enseignent à lire, à écrire et à compter. Les enfants y apprennent l'anglais, et sont élevés dans la religion protestante.

Quelques missions catholiques sont parvenues à s'installer, et elles ont ouvert des écoles où les enfants apprennent le français. Il y en a à Mayunga, à Vohémar, à Tamatave, à Diégo-Suarez et sur quelques autres points ; elles commencent à faire des progrès.

<h2 style="text-align:center">Postes. — Télégraphes.
Communications avec la Métropole.</h2>

Il n'y a ni postes, ni télégraphes, dans l'intérieur de l'Ile. Le gouvernement hova fait parvenir ses instructions par des courriers spéciaux appelés Tsimandaos, qui souvent sont chargés en même temps de porter et de faire exécuter ses ordres. Aussi sont-ils très respectés et très redoutés.

Le résident général français à Tananarive a seul des courriers au moyen desquels il se met en communication avec les résidents sous ses ordres et avec la côte.

.Il n'existe pas de câble sous-marin faisant communiquer la France avec Madagascar et ses dépendances. Les télégrammes à destination de Madagascar, de Sainte-Marie, de Nossi-Bé, des Comores et de la Réunion sont expédiés soit à Aden, soit à Zanzibar, d'où le consul de France en résidence dans chacune de ces deux villes les expédie à destination au moyen des paquebots.

Taxe du mot { de France à Aden . . . . . Fr. 4 30
{ de France à Zanzibar. . . . . „ 9 30

Il est depuis longtemps question de l'établissement d'un câble sous-marin entre Zanzibar, Maurice, la Réunion et Sainte-Marie de Madagascar : ce projet, dont les études sont fort avancées, ne tardera pas à être mis à exécution.

Les paquebots de la Compagnie des messageries maritimes

(ligne d'Australie) partent toutes les quatre semaines de Marseille et arrivent à la Réunion vingt jours après. Ces bâtiments, à leur retour d'Australie, touchent de nouveau à la Réunion.

Prix du passage	1re classe	Fr. 1500
	2e classe	" 950
	3e classe	" 475

De la Réunion une ligne annexe fait le service de Madagascar, de ses dépendances, des Comores et de la Côte orientale d'Afrique.

De la Réunion à		TRAJET	1re CL.	2e CL.	3e CL.	PONT
	Tamatave . .	3 jours	120	100	50	25
	Sainte-Marie .	1 "	160	130	65	30
	Vohémar . . .	1 "	230	185	95	45
	Diégo-Suarez .	1 "	260	210	105	50
	Nossi-Bé . . .	1 "	320	255	130	65
	Mayotte. . . .	2 "	380	305	150	75
	Mayunga . . .	1 "	440	350	175	85

De Mayunga, ces bâtiments vont à Mozambique, puis à Zanzibar ; ils font ensuite la route inverse.

DÉPENDANCES DE MADAGASCAR

Sainte-Marie.

L'île de Sainte-Marie est située sur la côte orientale de Madagascar par le 17° degré de Lat. Sud. Elle s'étend parallèlement à la côte dont elle est séparée par un canal qui dans sa plus grande largeur a 25 kil. et sa plus petite 6 seulement ; la longueur de l'île est de 20 kil. et sa largeur de 4 ; elle est entourée d'une ceinture de récifs madréporiques. Sa superficie est de 16 mille hectares.

Le sol est presque partout fertile mais marécageux ; on y trouve une rivière, l'Audza, qui se jette dans la baie de Port-Louis et dont l'eau est bonne.

La baie de Port-Louis sur la côte occidentale de Sainte-Marie est d'un accès facile et son mouillage est bon ; à l'entrée de la baie se trouve l'îlot Madame où les grands bâtiments peuvent accoster ; l'hôtel du gouvernement, les casernes, les magasins, les chantiers se trouvent dans cet îlot ; dans un autre très rapproché on a établi des dépôts de charbon. Le village d'Ambotifothre au nord de la baie est le plus considérable de l'île et le centre du commerce ; c'est là que se trouvent la plupart des fonctionnaires, les Européens trafiquants, le clergé, les religieuses et deux écoles pour garçons et pour filles.

La population est de 7.500 hab. sur lesquels 80 blancs (fonctionnaires, créoles de la Réunion, négociants); les autres sont des Malgaches. Ces indigènes vivent de la même façon qu'à

Madagascar ; un assez grand nombre est converti au catholicisme.

Le sol de Sainte-Marie peut porter tous les produits de la grande terre ; on y cultive sur des espaces restreints mais avec succès la canne à sucre, le giroflier, le cacaoyer, le vanillier, etc.

Au nord de l'île se trouvent une forêt qui donne des bois de construction et une plantation de cocotiers. Il n'y existe aucune industrie.

Les importations s'élèvent à...................... 500 000 fr.
et les exportations à............................ 200 000 fr.

On voit que le commerce général se réduit à bien peu de chose.

Le prix du fret pour la Réunion est de 35 fr. la tonne, pour Madagascar et par boutres arabes ou barques malgaches il est de 5 à 10 fr.

Les monnaies françaises ont seules cours et il n'y a pas de banques.

Les conditions d'existence pour les indigènes et pour les européens sont les mêmes qu'à Madagascar. Le climat est très humide, très chaud, et nous ne devons pas dissimuler qu'il passe pour malsain. L'hivernage, c'est-à-dire la saison chaude et pluvieuse, est de novembre à mai ; les règles d'hygiène sont les mêmes que pour Madagascar.

Le lecteur trouvera à la fin de l'article qui concerne Madagascar tous les renseignements relatifs aux postes, aux télégraphes et aux communications avec la métropole. Ces renseignements s'appliquent à l'île de Sainte-Marie.

Nossi-Bé.

L'île de Nossi-Bé est située sur la côte occidentale de Madagascar et à l'entrée de la baie de Passandava par 13° 30' de Lat. Sud ; elle mesure 22 kil. de longueur du N. au S. et 15 k. de l'Est à l'Ouest ; sa superficie est de 30.000 hectares. Elle est prolongée au Sud par l'île de Nossi-Comba, cône de 600 m de hauteur sur 5 k. de diamètre.

Nossi-Bé est une île de formation volcanique ; elle est couverte de champs de lave d'une fécondité extraordinaire ; plusieurs mornes dont la hauteur varie de 100 à 500^m attestent par leur forme de cône tronqué la présence de volcans éteints, et plusieurs de ces mornes contiennent des lacs qui donnent naissance aux nombreux ruisseaux qui arrosent l'île. L'eau de ces ruisseaux est très bonne. La partie sud de l'île est très boisée et très fertile ; la partie nord est plus aride ; le centre est couvert de prairies et de broussailles qui pourraient être converties en terres d'excellente culture.

Au sud de l'île se trouve la rade d'Hellville, très vaste, présentant des profondeurs de 10 à 25^m, en fond vaseux et accessible de jour et de nuit sans aucun danger pour les bâtiments du plus fort tonnage ; deux feux éclairent les passes.

Au fond de cette rade se trouvent : Hellville, chef-lieu de l'île, 1.200 hab., siège du gouvernement, services de la marine, hôpital, église, écoles, casernes, appontements, jetée de 250^m de longueur, docks à charbon pouvant contenir 4.000 tonnes, cale de radoub pour petits bâtiments, conduite d'eau douce ; et dans la même rade, à 4 kil. d'Hellville, le grand village d'Ambanourou, centre du commerce, 2.500 hab. ; les autres points de l'île ne présentent pas de ports mais offrent de bons abris.

La population totale est de 11.000 hab. sur lesquels 150 européens et 3.500 hommes de couleur, émigrants de Maurice ou de la Réunion.

Ainsi que nous l'avons dit, le sol est excessivement fertile et se prête à toute espèce de culture. Le principale est celle de la canne à sucre (1.000 hectares en cannes). Les caféiers ont été malheureusement atteints d'une maladie qui a détruit les plantations.

Les indigènes cultivent pour leur consommation le riz, le maïs, le manioc et les patates. Les essais de vanillier, de citronnier et d'indigotier ont bien réussi.

Sur 30.000 hectares, 1.000 sont cultivés en cannes, 2.000 en denrées de consommation courante, 1.000 sont en forêts et le reste 26.000 en prairies, savanes, broussailles ; c'est dire l'énorme extension que l'agriculture peut prendre dans ce pays.

Loin d'exploiter les forêts, l'administration cherche au contraire à reboiser en arbres de haute futaie dans l'intérêt de l'avenir et au point de vue du régime des eaux.

On ne connaît dans l'île aucun gisement minier.

Il n'y a pas d'autres industries que celles qui sont dérivées de la culture de la canne ; on compte 13 usines à sucre et 15 distilleries employant environ 800 travailleurs.

Tableau du commerce de Nossi-Bé en 1887.

1° COMMERCE ENTRE LA FRANCE ET NOSSI-BÉ

Importations de France dans la colonie............. 42.278 fr. 75 c.

Exportations de la colonie en France (marchandises provenant de la colonie et de l'importation)....... 82.167 50

124.446 fr. 25 .

2° COMMERCE DE NOSSI-BÉ AVEC LES AUTRES COLONIES ET PÊCHERIES FRANÇAISES

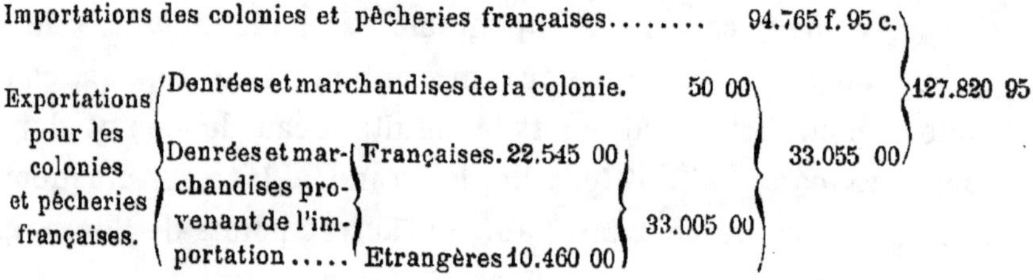

Importations des colonies et pêcheries françaises........ 94.765 f. 95 c.

Exportations pour les colonies et pêcheries françaises.
- Denrées et marchandises de la colonie. 50 00
- Denrées et marchandises provenant de l'importation.....
  - Françaises. 22.545 00
  - Etrangères 10.460 00
  - 33.005 00
- 33.055 00

127.820 95

3° COMMERCE DE LA COLONIE ET DE L'ÉTRANGER

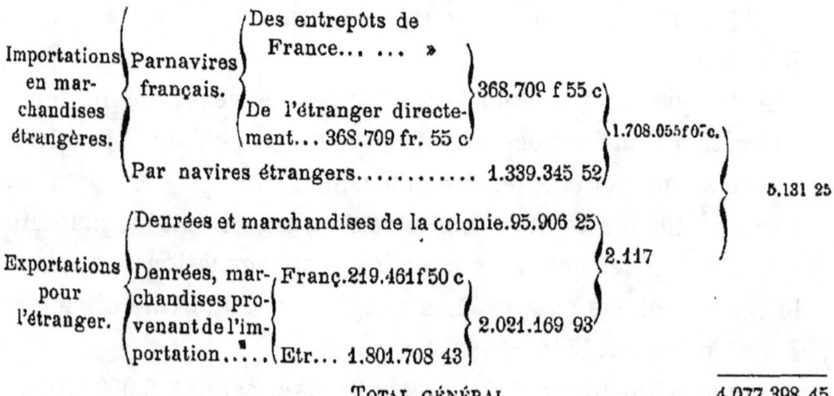

Importations en marchandises étrangères.
- Par navires français.
  - Des entrepôts de France... ... »
  - De l'étranger directement... 368.709 fr. 55 c
  - 368.709 f 55 c
- Par navires étrangers............ 1.339.345 52

1.708.055 f 07 c.

Exportations pour l'étranger.
- Denrées et marchandises de la colonie. 95.906 25
- Denrées, marchandises provenant de l'importation.....
  - Franç. 219.461 f 50 c
  - Etr... 1.801.708 43
  - 2.021.169 93
- 2.117

5.131 25

TOTAL GÉNÉRAL..................... 4.077.398 45

Nous devons faire remarquer que, par le mot étranger, il faut comprendre non seulement les puissances étrangères : Angleterre, Allemagne, Amérique, etc..., mais aussi l'île de Madagascar. Nous avons exposé plus haut que Nossi-Bé est l'entrepôt d'entrée ou de sortie des marchandises destinées à Madagascar ou en venant,

DÉTAIL DES IMPORTATIONS ET DES EXPORTATIONS
PAR NATURE DE MARCHANDISES

	Importation.	Exportation.
Animaux vivants	1.000 »	7.250 »
Produits et dépouilles d'animaux	200.540 45	488.474 50
Pêches	1.861 15	540 »
Matières dures à tailler	5.946 »	20.455 »
Farineux alimentaires	89.710 15	60.073 75
Fruits et graines	14.606 »	3.310 »
Denrées coloniales de consommation	15.794 80	161.623 75
Sucs végétaux	198.040 45	472.510 65
Bois communs	117.210 »	142.310 50
Fruits, tiges et filaments à ouvrer	59 »	13.100 »
Teintures non préparées	200 »	1.930 »
Produits et déchets divers	1.830 75	
Pierres, terres et combustibles minéraux.	23.806 50	6.730 »
Métaux	20.310 »	15.126 50
Produits chimiques	9.957 50	2.695 »
Couleurs	338 50	770 »
Compositions diverses	26.179 36	2.450 »
Boissons	59.073 15	34.329 80
Vitrifications	43.015 56	22.417 »
Fils	353 50	
Tissus	697.293 95	425.749 »
Papier et ses applications	1.944 »	400 »
Ouvrages en matières diverses	303.505 »	332.005 50
Articles divers	12.524 »	18.047 73
Totaux	1.845.099 77	2.232.298 68

Une grande partie du commerce est entre les mains de trois maisons établies à Hellville : une française, une allemande et une américaine. A Ambanourou se trouvent plusieurs commerçants indiens qui échangent les produits de Zanzibar et de Bombay contre des sucres.

Les transactions se font comme à Madagascar, soit par échanges de marchandises, soit en argent.

MOUVEMENT DE LA NAVIGATION EN 1887

Entrées.	50 bâtiments français jaugeant............		31.208 T
	190 bâtiments étrangers —	....	12.386 T
Sorties.	52 bâtiments français —	....	25.224 T
	193 bâtiments étrangers —	....	14.266 T
Prix du fret.	Pour la Réunion, la tonne.............		50 fr.
	— Tamatave —	....	40 »
	— Mayotte —	....	25 »
	— Europe par vapeur, la tonne ...		100 »
	— Europe par voilier —		65 »
	— Zanzibar par boutres —		30 »

La monnaie française et la roupie de l'Inde dont le cours varie de 2 fr. à 2 fr. 50 sont seules en usage. Il n'y a pas de banques ; les remises sur France se font à l'aide de traites sur diverses maisons.

Aucune loi n'a fixé le taux de l'intérêt ; cependant, par assimilation avec ce qui existe à la Réunion, le taux de 9 0/0 est généralement accepté.

Le budget de la colonie est de 350.000 fr. auxquels l'Etat contribue pour une somme de 59.000 fr.

Conditions de l'existence. — Les indigènes sont en nombre suffisant pour assurer la main-d'œuvre, mais ils sont très indolents ; ils se payent habituellement 50 cent. par jour et nourris ou 1 fr. sans nourriture. Les maçons, charpentiers, forgerons se payent de 1 fr. 50 à 3 fr., suivant leur habileté.

Il n'y a pas d'immigrants européens en dehors des fonctionnaires et des employés de commerce. On trouve quelques ouvriers mulâtres de la Réunion ou de Maurice qui gagnent de 6 à 10 fr. par jour.

Prix des choses essentielles à la vie :

Viande.......... le kilo........................... 0 fr. 50
Riz............... — .... 0 » 20
Pain .... — .... 0 » 80
Pommes de terre. — .... 0 » 60
Volailles......... la pièce........................... 1 »
Logement, une case d'indigène.............. 10 fr. par mois.

Concessions de terres. — 8.000 hectares de terres ont été concédés depuis notre établissement dans l'île (1841), 1.000 seulement sont cultivés.

A Nossi-Bé, comme dans tous les pays chauds, le rôle de l'émigrant européen est d'être directeur ou employé d'une entreprise agricole, commerciale ou industrielle. Les travaux manuels lui sont interdits.

Le climat est très chaud ; le thermomètre marque de 27 à 34 degrés pendant l'hivernage et 19 à 28 pendant le reste de l'année.

Pendant l'hivernage, les orages sont très fréquents et très violents ; les oscillations barométriques sont peu sensibles.

Les règles d'hygiène sont les mêmes qu'à Madagascar.

L'Ile est assez bien pourvue de routes, on en achève actuellement le réseau et on travaille en outre à l'établissement d'un appontement à Ambanourou.

Nossi-Bé compte sept écoles de garçons et deux écoles de filles avec 272 élèves ; l'usage de la langue française se répand de plus en plus.

Tous les renseignements relatifs aux postes, aux télégraphes et aux communications avec la Métropole se trouvent à la fin de l'article qui traite de Madagascar.

Archipel des Comores.

L'Archipel des Comores est situé au nord-ouest de Madagascar, et se compose de quatre îles qui, en partant de l'ouest, sont :

Grande Comore. — Placée sous le protectorat français, par
traité du 12 juillet 1886.

Mohéli. . . . . *Idem*, par traité du 28 avril 1886.

Anjouan. . . . . . . *Idem*, par traité du 11 octobre 1887.

Mayotte. . . . . . . Colonie française, dont l'occupation date
de 1845.

Entre les Comores et la pointe nord de Madagascar se trouve
un groupe de petites îles appelées Glorieuses (Ile Glorieuse, Ile
Verte, Ile du Lys), qui appartiennent à la France ; elles sont ha-
bitées par des peuplades de pêcheurs et n'ont ni commerce, ni
industrie, ni importance.

Grande Comore.

Cette île est située dans le canal de Mozambique, par 41° 30′
de longitude est et 12° de latitude sud. Sa forme est ovale ; elle
mesure 55 kil. de long sur 28 de large, et sa superficie est de
140.000 hectares.

Les côtes sont plates, arides et déboisées ; il n'y a pas de port,
mais seulement de mauvais mouillages. Dans l'intérieur, on trouve
des pâturages, de l'eau douce et de magnifiques forêts ; à partir
de la côte, le sol va toujours en montant, et, au centre de l'île,
un massif montagneux s'élève à 15 ou 1.800 mètres.

La capitale est Itzaudé, sur la côte occidentale ; c'est là qu'habite le sultan.

La population s'élève à 50.000 âmes, Arabes Cafres ou Malgaches, tous musulmans ; elle vit de poisson, de manioc, de patates
et de riz. La moitié au moins du riz vient de Madagascar, et est
apportée par des boutres arabes.

Cette île ne paraît pas appelée à un grand avenir, et notre protectorat date de trop peu de temps pour qu'il soit possible de
donner des renseignements plus complets.

Mohéli.

Cette île est à 50 kil. au sud-est de la Grande Comore. Sa superficie est d'environ 20.000 hectares, et sa population de 6.000 habitants, Arabes ou Malgaches, tous musulmans. Le sol est fertile et

assez accidenté ; elle est gouvernée par un prince de sang hova, qui habite le village de Doany, sur la côte nord.

Le protectorat datant du 26 avril 1886, nous n'y avons encore aucun établissement.

Anjouan.

L'île d'Anjouan est placée entre Mohéli et Mayotte, à 50 kil. de chacune de ces deux îles. Elle mesure 48 kil. de long sur 32 de large ; sa superficie est de 90.000 hectares, et sa population de 20.000 habitants, Arabes ou Malgaches, musulmans. Le sultan qui la gouverne sous notre protectorat réside à Makhadou, village de 2.000 habitants.

On y trouve quelques rades foraines où les barques arabes viennent chercher le sucre des plantations indigènes et apporter du riz en échange.

Notre protectorat dans cette île date de trop peu de temps pour que des établissements français y aient été créés.

Le climat est le même qu'à Nossi-Bé.

Mayotte.

L'île de Mayotte, la plus orientale de l'Archipel des Comores, est à 300 kil. de la côte de Madagascar. Elle mesure 40 kil. de longueur sur une largeur qui varie de 8 à 20 kil. ; sa superficie est de 35.000 hectares. Elle est traversée du nord au sud par une chaîne de montagnes dont les pics les plus élevés atteignent 700 mètres. Son sol, d'origine volcanique, est inégal, onduleux, coupé de ravins au fond desquels coulent de petits ruisseaux qui, pendant la saison des pluies, deviennent de véritables torrents; les sommets sont dénudés ; les versants sont fertiles et les côtes marécageuses. Une ceinture de récifs entoure l'île, mais laisse quelques passages qui donnent entrée à de bonnes rades. Plusieurs petites îles entourent Mayotte.

La population est de 10.000 âmes, sur lesquelles on compte 40 Européens, 250 émigrants de la Réunion ou de Maurice (créoles et hommes de couleur), un millier d'Arabes ou d'Indiens ; le reste appartient à la race nègre ; ces derniers sont fétichistes.

Le chef-lieu de la colonie est Dzaoudzi, sur un îlot près de la côte nord-est, — 1.000 habitants, caserne, hôpital, magasins. — La rade de Dzaoudzi est excellente, et a été la cause déterminante du choix de ce point comme chef-lieu. Le centre du commerce se trouve à Msapéré, dans l'île de Mayotte, et en face de Dzaoudzi, — 1.000 habitants.

L'île est fertile ; 2.000 hectares sont cultivés en sucre, et 1.600 en riz, manioc, maïs, bananes, patates, vanille, etc. 3.000 hectares sont en forêts, et le reste en marais, landes ou friches. On n'y connaît pas de mines.

Les plantations de café, qui avaient fort bien réussi, ont été détruites par la maladie qui a ravagé les Comores, Madagascar, Nossi-Bé et la Réunion. Le sol se prête à bien des cultures, et les entreprises agricoles y ont certainement beaucoup d'avenir.

Les seules industries sont la fabrication du rhum. On compte 15 usines, dont 12 à vapeur ; cette industrie est malheureusement en décroissance, et les revenus couvrent à peine les frais.

Tableau du commerce de Mayotte en 1887.

1° COMMERCE ENTRE LA FRANCE ET MAYOTTE

Importations de France dans la colonie	12.400f	
Exportations de la colonie en France	1.094.256	1.106.656f »

2° COMMERCE DE MAYOTTE AVEC LES AUTRES COLONIES ET PÊCHERIES FRANÇAISES

Importations des colonies et pêcheries françaises	241.900f »		
Exportations pour les autres colonies et pêcheries françaises — Denrées et marchandises de la colonie	55.720f »		
Denrées et marchandises provenant de l'importation — Françaises	11.800f »	100.211 50	342.111 50
— Etrangères	82.691 50	44.491 50	

3° COMMERCE DE MAYOTTE AVEC L'ÉTRANGER

Importations en marchandises étrangères — Par navires français — Des entrepôts	»			
De France	»			
De l'étranger	»		872.048f 50	
Directement	329.263f 50			
Par navires étrangers	542.785 »			1.088.895 30
Exportations pour l'étranger — Denrées et marchandises de la colonie	81.189 »			
Denrés et marchandises provenant de l'importation — Françaises	3.325f »		135.657 80	
Etrangères	132.332 80			
			Total général	2.537.662 80

Ce mouvement se décompose comme suit :

	Importations.	Exportations.
Animaux vivants...................	65.582 50	»
Produits d'animaux...............	5.086 »	4.372 50
Farineux alimentaires.............	193.950 »	35.265 »
Fruits et graines..................	33.500 »	3.620 »
Denrées de consom^{tion}(sucres et tafias).	11.205 »	1.147.643 »
Bois communs	2.060 »	1:250 »
Sucs végétaux	4.600 »	3.270 »
Combustibles minéraux............	23.325 »	5.487 50
Compositions diverses.............	10.000 »	»
Boissons	» »	18.382 50
Tissus	322.500 »	72.721 50
Métaux...........................	» »	11.800 »
Divers	46.740 »	17.321 »
Marchand^{ses} diverses non dénommées.	407.800 »	90.180 30
Totaux.........	1.126.348 50	1.411.314 30

Madagascar envoie le riz, Zanzibar et Bombay envoient les tissus ; la France reçoit presque tout le sucre.

Le commerce se fait contre paiement en espèces.

Tableau de la navigation en 1887.

Entrées.	82 bâtiments français jaugeant............	40.840 T
	93 — étrangers —	1.280 T
Sorties..	88 bâtiments français —	40.332 T
	93 — étrangers —	3.383 T

Presque tous les bâtiments étrangers sont des boutres arabes de petit tonnage.

Prix du fret.	Pour France...........................	65 fr.
	— Nossi-Bé.....................	25
	— Madagascar côte ouest...........	25
	— la Réunion.....................	45
	— Zanzibar.....................	30

Les monnaies qui ont cours sont les monnaies françaises et la roupie de l'Inde (2 fr. à 2 fr. 50). Les monnaies françaises d'argent sont importées en très grande quantité, parce qu'elles sont drainées par Madagascar.

Le Comptoir d'escompte avait une succursale à Mayotte ; il l'a retirée, mais la banque de l'Indo-Chine est tenue, par convention de 1888, d'en établir une ; elle fonctionnera prochainement. Le taux de l'argent est de 9 0/0.

Le budget de la colonie en recettes et dépenses s'équilibre à 233.000 fr., sur lesquels l'Etat contribue pour une somme de 50.000 fr.

Les indigènes sont très indolents ; ils ne travaillent que pressés par le besoin ; ils sont, d'ailleurs, peu rémunérés (15 fr. par mois et nourris). Il vient quelques émigrants de la grande Comore et de la côte portugaise d'Afrique ; ces émigrés renouvellent ordinairement leurs engagements et finissent par se fixer dans l'île.

Il n'y a pas d'immigration européenne et il n'y a pas de place pour elle ; les rares emplois, qui deviennent vacants dans les sucreries ou dans les maisons de commerce, sont remplis par des créoles de la Réunion ou de Maurice qui supportent bien mieux le climat. Les petites industries ou les métiers manuels sont exercés par les indigènes ou les métis de la Réunion.

Nous n'avons rien de particulier à dire du climat ; il passe pour assez malsain et les fièvres paludéennes sont très à redouter. Les saisons sont alternées absolument de la même façon qu'à Madagascar ; il est inutile de reproduire ici ce que nous en avons dit plus haut. Les règles d'hygiène sont les mêmes.

Les voies de communications dans l'île sont assez nombreuses et bien entretenues ; il y a actuellement 70 kil. de routes. On se propose d'établir des feux dans la rade de Dzaoudzi.

Voir, pour les postes, télégraphes et communications avec la métropole, le tableau placé à la fin de l'article concernant Madagascar.

OBOCK ET TADJOURAH

Le percement de l'isthme de Suez impliquait, pour la France, la nécessité d'avoir dans la mer Rouge des points de relâche et des dépôts de charbon ; aussi, en 1855, a-t-elle acheté du sultan indépendant d'Aoussa le territoire d'Obock et ses dépendances.

En 1859, elle acquérait la baie d'Adulis avec les îles de Dessi et d'Ouda.

En 1868, une Compagnie française achetait d'un cheick arabe le territoire de Cheick-Saïd, en Asie, de l'autre côté du détroit de Bab-el-Mandeb.

Enfin, et depuis, par des traités successifs avec les chefs indigènes, toute la baie de Tadjourah, y compris la côte sud jusqu'à Labadou, reconnaissait notre domination ou notre protectorat.

Les îles Mushah, qui commandent l'entrée de la baie de Tadjourah, viennent de nous être cédées par l'Angleterre.

Description générale du sol. — Une chaîne de montagnes fort élevées (2.000 à 3.000 mètres) part de la baie d'Adulis et se dirige du nord au sud, allant s'enfoncer dans l'intérieur de l'Afrique. A l'ouest de cette chaîne se trouvent l'Abyssinie et le royaume de Choa ; à l'est s'étend un plateau qui descend en étages successifs jusqu'à la mer Rouge et le golfe de Tadjourah. Les côtes de ce plateau nous appartiennent sur une grande étendue.

Au nord, la France possède la baie d'Adulis, dans laquelle elle n'a encore aucun établissement. Il en est de même des îles de Dessi et d'Ouda : la première est fort importante, en ce sens qu'elle commande la baie ; elle est fertile et très verte.

Les deux petits ports d'Amphilah et d'Edd, plus au sud, nous appartiennent nominalement ; ils n'ont qu'une médiocre importance, et nous ne les occupons pas. Ce sont donc là des points que la France tient en réserve, et qui peuvent acquérir dans l'avenir une certaine valeur.

La plaine située entre Amphilah et Edd est couverte de marais salants où l'Abyssinie vient s'approvisionner de sel, et c'est dans la baie d'Adulis et au détriment de Massaouah que viendra aboutir tout le commerce du plateau abyssinien, quand des routes auront été percées dans le massif montagneux du Tigré.

Au-dessous d'Edd, et jusqu'au cap Doumeïrah, la côte appartient à l'Italie.

Du cap Doumeïrah, et jusqu'à Labadou, extrémité sud-est de la baie de Tadjourah, toute la côte africaine appartient sans contestation à la France ; c'est une étendue de 250 kilomètres.

De nombreux ravins descendent des montagnes dans la mer, mais ils sont presque toujours à sec et n'ont d'eau que pendant les orages ; dans les dépressions, on trouve quelques puits d'eau potable.

Le sol est sec, aride, rocailleux ; il y a fort peu de pacages, et les troupeaux ne vivent guère que des feuilles du mimosa. Aucune culture n'est possible, et, en fait de végétation, on trouve seulement quelques bouquets de palmiers, des mimosas et, sur la côte, des palétuviers.

Les limites intérieures de nos possessions d'Obock et de Tadjourah ne sont pas définies ; rien n'a été stipulé à cet égard.

Sur la côte, à partir du raz Doumeïrah, on trouve successivement : le cap Séjarn, en face de l'île de Périm ; le cap Bir, à l'entrée de la baie de Tadjourah ; la rade d'Obock. Cette rade est protégée par des falaises contre les vents du nord et du nord-ouest, et offre deux mouillages assez sûrs, mais peu étendus ; de grands travaux y seraient nécessaires. Il s'y trouve deux factoreries françaises, un dépôt de charbon, et quelques constructions appartenant à l'Etat ; le port de Tadjourah, meilleur que celui d'Obock, mais plus éloigné de la route d'Orient — 1.000 habitants ; le Gubbet-Kharab, au fond de la baie, immense rade, très profonde, mais dont l'entrée est fort étroite et fort dangereuse ; le cap Djiboutil, qui offre un bon mouillage, et où les bâtiments peuvent approcher fort près de terre. Quelques petites installations peu coûteuses en feront un des meilleurs ports de la côte, et il s'y créera certainement un courant commercial destiné à remplacer Zeïlah et Berbéra.

Le royaume de Choa, qui compte plus de trois millions d'habitants, n'a pas d'autres débouchés sur la mer que le golfe de Tadjourah et la côte des Somalis ; le commerce, qui se fait par caravanes, vient actuellement aboutir à Zeïlah et à Berbéra, points occupés par l'Angleterre ; mais ce commerce, qui pourrait prendre une extension considérable, est aujourd'hui fort réduit, parce qu'il faut compter 2.500 fr. de frais de transport par tonne de marchandise de la côte au Choa.

Le grand intérêt de la France est donc d'ouvrir des routes sûres d'Obock et de Tadjourah au Choa en passant par la vallée de l'Haouach, et ce chemin serait en outre infiniment plus court que celui qui mène à Zeïlah et à Berbéra. Cela ne pourra se faire qu'avec le temps et après avoir réduit à l'obéissance les tribus pillardes des Donakils.

Ces nomades sont des bandits de la pire espèce, on estime leur nombre à cent mille ; ils sont musulmans et parlent un idiôme sémitique-éthiopien.

Les principaux objets de commerce sont, pour l'importation : les riz, les tissus, le sel, la quincaillerie ; pour l'exportation : les moutons, la laine, le café du Harrar, l'ivoire, le musc, les poissons séchés ; mais, nous le répétons, ce commerce avec le Choa n'est pas actuellement entre nos mains.

La température est extraordinairement chaude : 25 à 35 degrés en hiver et 40 à 50 en été ; elle est en outre très sèche.

La France dépense tous les ans 300.000 fr. pour sa colonie d'Obock ; aucune colonisation n'y est actuellement possible, et cela durera tant que les voies commerciales sur le Choa ne seront pas ouvertes.

Les communications avec la France ont lieu par les paquebots des Messageries maritimes, qui partent de Marseille tous les 14 jours et touchent à Aden 12 jours après. D'Aden à Obock, le service est fait par les vapeurs de la maison Poingdestre et Mesnier, qui partent aussitôt après l'arrivée du paquebot; la durée du trajet est de 16 heures.

Prix de Marseille à Aden
$\begin{cases} \text{1}^{\text{re}}\text{ classe} & \text{.................} & \text{fr.} & 990 \\ \text{2}^{\text{e}}\quad\text{ »} & \text{.................} & \text{ »} & 600 \\ \text{3}^{\text{e}}\quad\text{ »} & \text{.................} & \text{ »} & 300 \end{cases}$

Obock n'étant pas relié au réseau télégraphique, les télégrammes ne peuvent aller que jusqu'à Aden; le prix du mot est de 4 fr. 30.

Cheick-Saïd. — Il résulte de ce que nous venons d'exposer, que le but poursuivi par la France, en s'emparant d'Obock, a été surtout d'avoir un point de relâche et un dépot de charbon sur la route de l'extrême Orient; mais ce résultat n'aurait pas été complètement atteint si nous ne nous étions assurés d'un point sur la côte asiatique du détroit de Bab-el-Mandeb.

Ce point est le territoire de Cheick-Saïd, qui se trouve à l'angle sud-ouest de la péninsule arabique. Acheté en 1868 par une compagnie marseillaise, il a été rétrocédé par cette compagnie au gouvernement français. Les désastres de 1870 ont empêché la France de l'occuper effectivement, et le gouvernement turc y a placé une petite garnison. Des négociations ont été ouvertes à ce sujet entre la France et l'empire ottoman, et on a tout lieu de croire qu'elles aboutiront à la reconnaissance de nos droits sur le territoire de Cheick-Saïd.

Quoique ce territoire soit situé en Asie, nous allons le décrire rapidement dans ce chapitre, puisque sa possession concourt avec celle d'Obock à nous assurer le libre passage dans la mer Rouge.

Le détroit de Bab-el-Mandeb, de la côte africaine à la côte asiatique, a 30 kil. L'île de Périm (à l'Angleterre) le partage en deux passes : la grande passe, entre Périm et la côte africaine (qui appartient à la France), a 25 kil.; elle n'est pas fréquentée parce qu'elle éloigne les navires de leur route et parce qu'elle est dangereuse. La petite passe, entre Périm et la côte asiatique, n'a que

5 kil., et c'est celle que choisissent tous les bâtiments se rendant dans l'Inde, en Chine ou dans les mers de la Sonde.

L'île de Périm a 70^m d'élévation et le territoire de Cheick-Saïd, sur la côte asiatique, a, près de la mer, des hauteurs de 250^m; Périm et la petite passe sont donc complètement dominés par Cheick-Saïd.

Ce territoire a une superficie d'environ 150.000 hectares et une étendue de côtes de 60 kil. Le terrain est formé de roches éruptives, de sables et de dépôts madréporiques; il est très pauvre et la chaleur y est torride. Il n'est habité que par quelques nomades et quelques pêcheurs; quoiqu'il n'y pleuve jamais, on y trouve des puits d'eau potable alimentés par les pluies du plateau central de l'Yémen.

La rade est bonne. Le sol ne comporte aucune culture; on n'y voit que quelques arbrisseaux rabougris.

ILE DE LA RÉUNION

**Géographie physique. — Limites. — Superficie. —
Nature et configuration du sol.**

L'île de la Réunion, découverte par les Portugais en 1507 et
occupée par la France en 1638, est située dans l'océan Indien par
le 53ᵉ degré de long. est et le 21ᵉ de lat. sud. Elle se trouve à
700 kil. de la côte orientale de Madagascar ; sa forme générale
est une ellipse de 70 kil. de long sur 50 de large et sa superficie
est de 260.000 hectares (un demi-département français).

Cette île est d'origine volcanique ; le relief de son sol est constitué par deux cônes juxtaposés, anciens volcans : le piton des
neiges, 3.100 m., et le grand cratère, 2.600. Entre ces deux sommets s'étend le plateau des Cafres haut de 1.600 m., et près du
grand cratère se trouve le piton de Fournaise, volcan actuellement
en activité.

A partir des côtes le sol s'élève graduellement et tout d'un coup
s'arrête brusquement pour former les parois à pic des cirques
intérieurs, anciens cratères aujourd'hui éteints ; ces cirques res-
semblent à des puits immenses, profonds de 500 à 1.000 m., et dont
les bords sont coupés par des crevasses gigantesques.

Les pics, les cratères, les cirques donnent naissance à une
infinité de ruisseaux qui coulent dans des failles très étroites,
très profondes, très escarpées et vont se jeter dans la mer après
un parcours des plus accidentés. Les alluvions entraînées par ces
torrents se sont arrêtées aux pieds des montagnes et y ont formé
des plaines excessivement fertiles et quelquefois de petites

lagunes au bord de la mer. Au N.-O. les débris entraînés ont formé une plaine très étendue mais tout entière de galets et qui ne peut porter aucune culture : partout ailleurs les alluvions sont des poussières de laves, de basaltes, de péridots et d'oxydes magnétiques très riches en fer.

Les côtes ont une étendue de 210 kil., mais elle ne présentent malheureusement que des rades foraines et d'assez mauvais abris. Par les gros temps (et ils sont fréquents) les navires doivent appareiller et gagner le large. Divers travaux très importants et très coûteux ont été entrepris pour remédier à cet inconvénient ; nous les indiquerons au fur et à mesure.

Le chef-lieu est Saint-Denis, tout à fait au nord de l'île — 26.000 hab., rade médiocre, pas de port ; on y a construit des appontements et des débarcadères ; hôtel du gouvernement, casernes, hôpitaux, cathédrale, évêché, collège, muséum, palais de justice, conduite d'eau douce, etc.;

Pointe des Galets : immense plaine de galets terminée par une pointe s'avançant au N.-O. dans la mer et constituant une assez bonne rade. Des travaux très considérables y ont été entrepris en 1876 : plusieurs bassins de 8 m. de profondeur et d'une superficie totale de 18 hectares, des jetées, musoirs, docks, voies ferrées ; une conduite d'eau douce doit alimenter la nouvelle ville ;

Saint Paul, rade médiocre, 22.000 hab.;

Saint Louis,   id.   14.000 hab.;

Saint Pierre,   id.   18.00. hab.;

On a commencé dans cette ville en 1854 l'aménagement d'un port auquel on travaille encore ; les plus grands bâtiments pourront y entrer ; ils y trouveront des quais, des docks, des grues à vapeur, des remorqueurs, etc... ; l'entrée de ce port est malheureusement difficile. Il se fait un très grand commerce à Saint-Pierre.

Saint Joseph,   —   8.000 hab.;

Saint Benoît,   —   6.000 hab.;

Sainte-Suzanne,   —   3.000 hab.;

Sainte-Marie,   —   3.000 hab,

Au centre de l'île on ne trouve d'autre point important que
Hellbourg ; climat très frais, sanitorium, hôpital, sources ther-
males (altitude 800 m.).

On ne trouve dans l'île aucune rivière importante, mais seulement des torrents ; l'eau en est très bonne et très saine.

Population, Races indigènes. — Religion.

Quand le capitaine Gaubert prit possession de l'île au nom du
roi de France, en 1638, il la trouva inhabitée, et la colonisation
ne commença qu'en 1664, lorsque l'île fut concédée à la Compagnie des Indes orientales. Les premiers colons y firent venir,
pour cultiver la terre, des esclaves de la côte orientale d'Afrique.
La traite ayant été abolie par ordonnance royale de 1817 (quoique
n'ayant cessé effectivement qu'en 1831), et l'esclavage ayant été
aboli en 1848, les colons durent demander aux pays voisins les
bras qui leur faisaient presque complètement défaut. La plupart
des immigrants vinrent de l'Inde, de la côte orientale d'Afrique
et de Madagascar ; ils s'engageaient sur une terre pour un certain nombre d'années et contre un salaire déterminé. La majorité
est restée fixée à la Réunion, et s'est confondue avec la population noire émancipée.

Les Chinois seuls retournent toujours dans leur pays.

STATISTIQUE DE LA POPULATION AU 31 DÉCEMBRE 1887

Nationaux français, sans distinction de couleur, et y compris
les fonctionnaires, la marine, la garnison........ 123.146
Indiens... 25.157
Malgaches }
Cafres   } 13.804
Chinois... 36
                        TOTAL............... 162.143

La population de nationalité française est catholique ; les Indiens
sont bouddhistes ; les Cafres et les Malgaches sont fétichistes, ou
n'ont aucun culte extérieur.

Productions du sol. — Mines. — Forêts.

La plus grande partie des terres cultivées dans l'île est consacrée à la canne à sucre (35.000 hectares). Mais les procédés de culture sont arriérés sur quelques points, où les champs de cannes ne sont presque jamais labourés, à peine sarclés ; cependant, dans les plantations où l'usage des charrues, des houes et des sarcleuses a été introduit, le rendement a monté de 55 à 100 tonnes de cannes par hectare.

La production sucrière oscille autour de 40.000 tonnes de sucres et cassonades, 4.000 tonnes de mélasse, et 25.000 hectolitres de rhums ou tafias.

On compte 60 habitations pourvues toutes de moulins à vapeur, et 33 guildiveries ou distilleries des gros sirops rebutés par les sucreries.

Canne à sucre. — La canne à sucre paraît être originaire du Bengale ou de l'archipel Malais ; de là, elle s'est répandue en Egypte, en Perse, en Sicile, dans le sud de l'Espagne, où l'on trouve encore des moulins à sucre, à Madère, aux Canaries et dans les Antilles.

La canne demande une température humide et régulière, ne descendant pas à une moyenne inférieure à 20 degrés, et une lumière très vive.

C'est une plante herbacée, à souche vivace, de la famille des graminées-andropogonées, dont les tiges atteignent de 3 à 5 m. de hauteur et un diamètre de 3 à 4 centimètres. Il en existe un grand nombre de variétés. La canne demande un terrain profond, frais, argileux, riche en soude et en potasse ; la chaux et les engrais lui sont indispensables, car elle épuise rapidement le sol.

Elle se plante en boutures, à 0m,30 de distance ; et quand ces boutures ont bien repris, il faut butter la terre au pied, biner et arroser quand le temps est trop sec. Les rats et les fourmis blanches en détruisent beaucoup ; elle craint aussi divers insectes, tels que la calandre, le procéra et le delphax.

Les cannes sont mûres, quand leur coloration est devenue violette ou dorée ; alors, on les coupe à 5 centimètres au-dessus du sol, et on les porte au moulin.

Un hectare donne environ 50 tonnes de tiges. Le jus de ces tiges contient :

Sucre.................................	0,20
Sel et cellulose...............	0,10
Eau	0,70

Dans le sucre, il faut compter les 5/6es en sucre cristallisable (C^{12} H^{22} O^{11}), et 1/6e en sucre non cristallisable.

100 kilog. de cannes donnent environ 65 kilog. de jus.

Nous donnons ici le mode de fabrication employé dès les premiers temps de la colonisation, et jusqu'au commencement de ce siècle.

Le jus, au sortir du moulin, porte le nom de *vesou*.

Ce vesou est conduit d'abord dans la grande chaudière, où il est additionné de chaux vive et de sulfate de soude, destinés à s'emparer des acides ; il est porté à la température de 100 degrés ; les matières albuminoïdes se coagulent, montent à la surface et sont expulsées. De la grande chaudière, il va successivement dans quatre autres chaudières, appelées : la *propre*, le *flambeau*, le *sirop*, la *batterie,* où il se clarifie progressivement et de plus en plus.

A ce moment, le jus, réduit par la cuisson, approche du degré voulu de concentration ; on s'en aperçoit en y plongeant un bâton qui se couvre de cristaux. On fait alors écouler la masse dans le rafraîchissoir, où elle se refroidit et se solidifie. Là, elle s'égoutte ; les eaux-mères s'écoulent, et il reste une poudre jaunâtre, contenant encore 5 0/0 de matières étrangères, et qui porte le nom de sucre brut ou cassonade.

Les sirops d'égouttage, ou mélasses, sont recuits pour en extraire tout le sucre cristallisable, ou distillés pour donner des tafias.

Ces procédés ne donnaient que 50 0/0 de la quantité totale de sucre contenue dans les cannes ; les procédés actuels, beaucoup plus perfectionnés, mais reposant, en somme, sur les mêmes principes, donnent 70 0/0. Nous les décrirons au chapitre concernant la Guadeloupe.

Rhum et Tafia. — Le vesou épuisé de son sucre cristallisable donne un liquide visqueux, brun, très dense, qui porte le nom de mélasse.

La mélasse donne à l'analyse :

Sucre...................... 0,65
Eau........................ 0,32
Sels et matières organiques .. 0,03

On fait fermenter cette mélasse en la mélangeant d'eau tiède et de levures ; il se produit un grand dégagement d'acide carbonique, et la fermentation est terminée au bout de quarante-huit heures. On ajoute alors de la chaux pour neutraliser la fermentation acétique, et le liquide est prêt pour la distillation. Cette dernière opération se fait au moyen d'alambics semblables à ceux qui servent à la fabrication des alcools de vin ou de betteraves.

VALEUR MOYENNE DE LA PRODUCTION SUCRIÈRE DANS LES COLONIES FRANÇAISES. (*Sucres et tafias.*)

Martinique .	26.000.000 fr.
Guadeloupe	19.000.000
Réunion	14.000.000
Guyane	30.000
Inde française	5.000
Mayotte	1.100.000
Sainte-Marie	10.000
Cochinchine	400.000
Nouvelle-Calédonie	200.000
Nossi-Bé	300.000
Océanie	200.000
TOTAL	61.245.000 fr.

Ce chiffre de 61 millions de francs exprime la valeur brute dont il faut déduire les frais de culture, de manipulation et de main-d'œuvre qui varient suivant les années et ne sont pas les mêmes dans chaque colonie. Ils sont au moins des 8/10.

Nous devons en outre faire remarquer que les chiffres ci-dessus ne correspondent pas avec le montant des exportations dans chaque colonie, attendu qu'une partie et quelquefois la totalité de la production sucrière (en Cochinchine par exemple) est consommée sur place.

Les produits les plus importants de l'île de la Réunion après la canne à sucre sont la vanille qui occupe 3.200 hectares, le café et le tabac.

Nous allons entrer dans quelques détails sur la vanille et sur le café.

Le vanillier est une liane de la famille des Orchidacées-aréthusées ; c'est une plante vivace dont le fruit est une gousse longue de 10 à 15 centimères. Cette liane se plante par boutures au pied des arbres, en forêts, car il lui faut de l'ombre et de la chaleur. Dans les terrains découverts on plante en même temps que les boutures de vanilliers des arbustes de la famille des Ficacées qui poussent très vite et qui au bout d'un an sont assez grands pour donner de l'ombre et servir de tuteurs. Les plants sont à 2^m de distance.

Le vanillier implante ses racines non seulement dans le sol, mais dans le tronc et dans les branches des arbres qui lui servent de tuteur.

La disposition des organes de la fleur du vanillier rend difficile la fécondation naturelle, aussi la principale opération culturale consiste-t-elle à écarter le labelle et à mettre en contact l'anthère et le stigmate. Des femmes et des enfants suffisent à cette besogne.

Lorsque la fécondation a eu lieu, la fleur, au lieu de tomber, se maintient et se dessèche à l'extrémité de la tige.

Quand les gousses sont mûres on les cueille une à une et on les met pendant une minute dans de l'eau chauffée à 90 degrés ; on les fait ensuite sécher au soleil pendant 8 jours et à l'ombre pendant 1 mois. Il se produit une fermentation qui développe l'arôme. La France importe une moyenne de 80 tonnes de vanille.

Sur cette quantité, l'île de la Réunion en produit. . 50   tonnes.
Mayotte. 2   —
Nossi-Bé. 13   —
La Guadeloupe. . 15   —
L'Océanie . . . . 2.5   —

La tonne de vanille vaut de 20.000 à 40.000 fr. suivant les espèces et les années.

Caféier. — Le caféier est un arbrisseau de la famille des Rubiacées originaire de l'Yémen. Il ne perd pas ses feuilles et demande une terre riche, légère, assez humide, de l'air et du soleil; il a besoin d'engrais azotés.

Le caféier est malheureusement très sujet aux maladies; plusieurs de nos colonies, entre autres la Martinique, ont perdu toutes leurs plantations.

Cet arbuste se plante en graines; on repique les jeunes plants au bout d'un an et ils commencent à produire à 4 ou 5 ans. Ordinairement on laisse le fruit sécher sur l'arbre et on le fait tomber par petites secousses. La récolte se fait d'octobre en janvier.

Il y a beaucoup d'espèces; les principales sont :

Le Moka, rond et de couleur très pâle;

Le Bourbon rond, couleur isabelle;

Le Bourbon pointu, couleur rousse;

Le Martinique (Guadeloupe), ovale, vert foncé;

Le Bonifleur, ovale, vert tendre, très rare et recherché.

On connaît depuis peu une espèce nouvelle originaire de Libéria (côte de Guinée). Ce n'est plus un arbrisseau, c'est un arbre de 20 à 30 pieds excessivement productif et très résistant; cette nouvelle espèce est appelée à reconstituer toutes nos plantations détruites.

La France importe environ 150.000 tonnes de café; elle en consomme 60.000 tonnes. Nos colonies n'en produisent qu'une bien faible partie : le reste vient du Brésil, d'Haïti, des Indes anglaises, de Manille, de l'Amérique du Centre.

La tonne de café vaut dans nos colonies de 1.200 à 1.800 fr. — un hectare produit de 1 tonne à 1 tonne et demie.

PRODUCTION MOYENNE DES COLONIES FRANÇAISES

La Réunion	380	tonnes
Guadeloupe	700	—
Martinique	55	—
Nouvelle-Calédonie	300	—
Océanie	10	—
Rivières du Sénégal	35	—
Guyane	15	—
TOTAL	1.495 tonnes.	

L'île de la Réunion produit pour 200.000 fr. de tabacs qui sont consommés sur place.

Bien des cultures ont été essayées dans cette colonie, mais sur des espaces trop restreints pour que les résultats soient bien probants.

Le cacao, la muscade, le poivre, le thé, le clou de girofle, le coton ont réussi. L'île ayant beaucoup d'eau et de grandes différences d'altitude, tous les produits coloniaux peuvent y prospérer. 10.000 hectares environ sont cultivés en vivres du pays : riz, maïs, manioc, haricots, etc...

Mines. — On ne connaît pas de mines à la Réunion, mais sur certains points de la côte se sont accumulés des sables noirs très riches en peroxydes magnétiques contenant 50 % de fer pur. Ces gisements forment une masse d'environ 100.000 tonnes d'une extraction très facile puisqu'ils reposent en couches meubles sur la surface du sol.

On trouve dans l'île de nombreuses sources d'eaux minérales ferrugineuses, sulfureuses, et bi-carbonatées.

Forêts. — L'île, autrefois couverte d'immenses forêts d'essences précieuses, est aujourd'hui presque partout dénudée et on ne trouve plus d'arbres de haute futaie que sur les pentes des ravins inaccessibles. On cherche actuellement à reboiser, mais bien des terrains n'ont plus que des roches nues; les eaux ont entraîné l'humus et il se passera bien des siècles avant qu'il se soit reconstitué; on essaye cependant, et la colonie dépense tous les ans plus de 150.000 fr. en reboisements. Sur bien des points il reste heureusement des broussailles qui ont retenu un peu de terre et qui rendront ainsi le reboisement plus facile.

Deux essences donnent de bons résultats : le filao et l'acacia; ils ont, l'un et l'autre, une grande puissance drageonnante et s'accommodent des terrains les plus pauvres. On tente aussi d'introduire le quinquina.

Industrie. — Commerce. — Navigation.

Il n'y a d'autres industries à la Réunion que les sucreries et les guildiveries ou distilleries de mélasse. Nous avons dit plus haut qu'on compte dans l'île 60 sucreries à vapeur et 33 guildiveries.

Tableau du commerce de la Réunion en 1887.

1° COMMERCE ENTRE LA FRANCE ET LA RÉUNION

Importations de France dans la colonie	7.867.443 f	\
Exportations de la colonie en France	9.709.840	/ 17.577.283 f

2° COMMERCE DE LA RÉUNION AVEC LES AUTRES COLONIES ET PÊCHERIES FRANÇAISES

Importations des colonies et pêcheries françaises............ 740.814 f

Exportations pour les autres colonies et pêcheries françaises.
- Denrées et marchandises de la colonie.. 72.349 f
- Denrées et marchandises provenant de l'importation :
  - Françaises.... 145.359 f
  - Etrangères ... 5.557 } 151.416
  } 223.765

} 964.579

3° COMMERCE DE LA RÉUNION AVEC L'ÉTRANGER

Importations en marchandis. étrangères.
- Par navires français.
  - Des entrepôts de France. 907.377 f
  - De l'étranger directement. 5.903.416 } 6.810.793 f
- Par navires étrangers............... 2.104.571
} 8.915.364 f

Exportations pour l'étranger.
- Denrées et marchandises de la colonie. 3.412.259
- Denrées et marchandises provenant de l'importation :
  - Françaises. 1.019.737 f
  - Etrangères. 461.664 } 1.481.401
  } 4.893.660

} 13.809.024

Total général............... 32.350.886 f

DÉTAIL DES IMPORTATIONS ET EXPORTATIONS
PAR NATURE DE MARCHANDISES

Importations.		Exportations.	
Animaux vivants........	804.914	Animaux vivants........	1.600
Produits et dépouilles d'a-nimaux..............	1.351.528	Produits et dépouilles d'a-nimaux..............	118.644
Pêches	1.177.970	Pêches	37.610
Matières dures à tailler.	3.448	Matières dures à tailler.	1.712
Farineux alimentaires...	4.817.343	Farineux alimentaires...	969.060
Fruits et graines........	75.453	Fruits et graines........	4.584
Denrées coloniales	196.395	Denrées coloniales (sucre, café, vanille)..........	10.943.853
Huiles et sucs végétaux.	286.586	Huiles et sucs végétaux.	18.834
Espèces médicinales.....	800	Espèces médicinales....	1.667
Bois de toute sorte.....	177.576	Bois de toute sorte......	34.730
Fruits, tiges et filaments à ouvrer..............	11.272	Fruits, tiges et filaments à ouvrer.............	8.512
Teintures et tanins......	144.238	Teintures et tanins.....	163.682
Produits et déchets divers.	26.797	Produits et déchets divers.	28.081
Pierres, terres et combus-tibles minéraux.......	269.124	Pierres, terres et combus-tibles minéraux.......	53.090
Métaux................	120.995	Métaux................	36.757
Produits chimiques.....	277,372	Produits chimiques.....	14.778
Couleurs	96.603	Couleurs	3.189
Compositions diverses...	532.727	Compositions diverses...	47.423
Boissons..............	2.255.456	Boissons (Rhum et Tafia)	1.901.561
Vitrifications	113.526	Vitrifications	22.618
Fils et tissus..........	1.478.719	Fils et tissus	137.465
Papier et ses applications.	157.203	Papier et ses applications.	5.668
Ouvrages en matières di-versès..............	3.147.576	Ouvrages en matières di-verses..............	272.147
Totaux......	17.523.621	Totaux......	14.827.265
Monnaies (pour mémoire). d'argent........	298.631	Monnaies (pour mémoire). d'argent...	928.118
de cuivre.....	4.290	de cuivre..	31.700
étrang^{es}(roupies).	51.040		
Totaux......	353.961	Totaux......	959.818

Les principaux marchés de la Réunion sont : Saint-Pierre, Saint-Denis et Saint-Paul ; presque toutes les maisons de consignation ou de commission sont françaises ; une partie notable du petit commerce est entre les mains des négociants indiens ou chinois.

Navigation en 1887.

Entrées.
- 141 bâtiments français jaugeant......... 142.916 T
- 46 — étrangers — 14.800

Sorties..
- 134 bâtiments français — .... 139.027 T
- 45 — étrangers — 15.000

Prix du fret pour:
- France. .... 55 fr.
- Mayotte................................... 45
- Nossi-Bé et côte occ. de Madagascar........ 40
- Sainte-Marie et côte or. de Madagascar...... 35

Par voiliers le fret est moins élevé d'un tiers ou d'un quart.

Situation monétaire. — Banques. — Budget. Conditions générales de l'existence.

La situation monétaire est difficile ; jusqu'en 1879, les monnaies étrangères étaient acceptées dans les caisses publiques, et il y en avait de plusieurs types différents (quadruple espagnol, roupie d'or et d'argent, piastres espagnoles et mexicaines, etc...); les monnaies nationales étaient fort rares. Elles ont seules cours officiel actuellement, mais d'une part étant drainées par Madagascar et d'autre part servant de remises sur l'Europe, puisque les importations atteignent le double des exportations, elles ne font que passer dans la colonie.

Il faut observer que les monnaies étrangères y restaient parce que leur cours était surhaussé.

Le gouvernement a donc dû créer des coupures en papier, dits Bons de Caisse du Trésor. Ces coupures sont de 50 cent., 1 fr., 2 fr., 3 fr., 50 fr. et 100 fr.

Les billets de la Banque de France ont également cours.

Le change est fort élevé ; il atteint 15 0/0.

Banques. — Il y a deux établissements de crédit à la Réunion : la Banque de la Réunion, au capital de 3 millions ; et le Crédit agricole et commercial, également au capital de 3 millions.

Les opérations de ces établissements consistent à :

Escompter les billets à ordre à deux signatures ;

Escompter et négocier les lettres de change et autres effets, les obligations sur marchandises en docks ou sur récoltes pendantes ;

Recevoir les dépôts de titres, lingots, monnaies ;

Emettre des billets payables à vue au porteur, des billets à ordre, des traites ou mandats ;

Faire des avances sur effets publics, actions, obligations, warrants ou autres valeurs ;

Opérer pour les tiers l'achat ou la vente de tous fonds publics et valeurs industrielles ;

Ouvrir des souscriptions pour réalisation d'emprunts publics et communaux ;

Faire généralement toutes opérations d'une maison de banque dans la colonie, dans la métropole et à l'étranger.

Le taux de l'escompte varie de 7 à 9 0/0. La moyenne du taux de l'intérêt au civil (sur hypothèques) est de 7 à 8 0/0, au commercial de 11 à 12 0/0.

Budget. — Les recettes sont annuellement de 4.500.000 fr. et les dépenses de 5.200.000 fr. : le déficit tient aux travaux considérables qui ont été entrepris. L'Etat alloue une subvention de 1.134.000 fr., pour garantie d'intérêt au chemin de fer circulaire de la Réunion et au port de la pointe des Galets.

Conditions générales de l'existence. — Le journalier ou manouvrier travaillant la terre gagne 1 fr. 50 par jour. L'ouvrier des professions manuelles gagne de 3 à 5 fr. par jour sans nourriture.

PRIX DES DENRÉES DE PREMIÈRE NÉCESSITÉ :

Riz,	le kilog.	....	0 fr. 25
Pain,	id.	....	0 fr. 80
Bœuf frais,	id.	....	1 fr. 50
Bœuf salé,	id.	....	1 fr.
Morue,	id.	....	1 fr. 20
Légumes secs,	id.	....	0 fr. 50
Vin, le litre,		....	0 fr. 80

Les vêtements de coton sont à très bon marché ; l'ouvrier du pays loge dans des cases attenantes à un jardinet et qu'il loue 6 à 10 fr. par mois. L'Européen trouve des chambres à raison de 20 fr. par mois, à moins qu'il ne veuille se contenter d'une case.

La vie en somme est à bon marché, mais les salaires sont médiocres.

Climat. — Météorologie. — Hygiène.

L'île de la Réunion étant située par 21 degrés de latitude sud, il y fait très chaud ; mais l'élévation de ses montagnes et la grande abondance des eaux de source permettent d'y trouver des points très sains et relativement frais. Tous les hivers il neige même pendant quelques jours sur le piton des Neiges élevé de plus de 3.000 m.

L'année se divise en deux saisons : l'hivernage, de décembre à mai, caractérisé par les chaleurs, les cyclones et les grandes pluies ; et la saison sèche, de mai à novembre, plus fraîche et pendant laquelle règnent les vents de sud-est.

Les cyclones y sont terribles et causent de grands ravages ; les raz de marée sont fréquents ; ce sont des lames énormes qui viennent ordinairement du Cap de Bonne-Espérance par les plus beaux temps, et se brisent sur les côtes en les ravageant. La mer marne de 1 m. 10 dans les plus basses mers.

La température moyenne dans la saison chaude varie de 28 à 35 degrés ; dans la saison fraîche de 19 à 25 sur le bord de la mer ; dans l'intérieur il fait plus frais.

Le baromètre oscille entre 755 et 765 en temps ordinaire ; les jours les plus longs sont de 13 heures 1/4 et les plus courts de 10 heures 3/4.

En résumé la Réunion est une des plus saines de nos colonies ; il est très facile d'y conserver sa santé et d'y résider longtemps. Il est cependant prudent d'observer les règles d'hygiène prescrites dans tous les pays chauds : ce sont celles que nous avons données dans les chapitres précédents.

Routes et Travaux. — Instruction publique.

L'île de la Réunion est pourvue d'un excellent réseau de routes qui de 1826 à 1884 n'ont pas coûté moins de 38 millions de francs. Les principales sont : la grande route de ceinture qui fait le tour de l'île et présente un développement de 232 kil. ; la route transversale de Saint-Benoît à Saint-Pierre, 73 kil. ; la route d'Hellbourg et celle de Cilaos qui vont jusqu'au centre de l'île. Ces voies sont très bien entretenues et il existe en outre un grand nombre de chemins vicinaux praticables aux voitures.

Un chemin de fer commencé en 1876 part de Saint-Benoît, passe par Saint-Denis, Saint-Paul, Saint-Louis, et arrive à Saint-Pierre après un parcours de 125 kil. ; on doit le prolonger de Saint-Pierre à Saint-Benoît de façon qu'il suive tout le périmètre de l'île.

Il existe un assez grand nombre de canaux destinés soit à l'irrigation des propriétés, soit à l'alimentation des villes ; aucun d'eux n'est navigable, ce sont simplement des prises d'eau.

Instruction publique. — Il y a à Saint-Denis un lycée avec 24 professeurs ; 400 élèves y reçoivent une instruction comparable à celle des bons lycées de province. Les villes de Saint-Paul, Saint-Pierre et Saint-André ont un collège d'enseignement secondaire où les études sont poussées jusqu'en quatrième. Il existe un petit séminaire à Saint-Denis.

Une école normale destinée à préparer des instituteurs vient d'être installée à Saint-Denis ; enfin, l'instruction primaire est donnée dans 104 écoles publiques et 46 établissements libres. La Colonie dépense tous les ans 450.000 fr. pour l'Instruction publique.

Postes. — Télégraphes.
Communications avec la métropole.

Le service des postes est organisé dans l'île de la Réunion absolument comme en France.

Le réseau télégraphique local a un développement de 126 kil.; 35.000 dépêches ont été expédiées en 1886.

L'île n'est rattachée au continent par aucun câble sous-marin : il est depuis longtemps question de l'établissement d'un câble entre Zanzibar, Maurice et la Réunion ; ce projet, dont les études sont fort avancées, recevra prochainement un commencement d'exécution.

Les communications avec la métropole ont lieu par les voies et moyens indiqués à l'article concernant Madagascar ; nous ne les reproduirons pas.

ILES KERGUÉLEN

Ces îles, qui ont été découvertes en 1772 par M. de Kerguélen, officier de la marine française, appartiennent à la France depuis cette époque. Elles sont situées, par le 70e de longitude est et le 50e de latitude sud, à peu près à égale distance de l'Afrique et de l'Australie, dans une mer couverte de glaces flottantes et de varechs. L'île principale n'a pas moins de 150 kil. de long sur 80 de large ; autour d'elle se trouvent deux à trois cents îles ou îlots entre lesquels la mer forme un dédale de canaux, de baies, de presqu'îles, peut-être sans pareil au monde.

Le sol, d'origine volcanique, est coupé de ravins profonds au fond desquels coulent des torrents très rapides ; trois ou quatre groupes montagneux s'enchevêtrent au centre de l'île ; leur hauteur moyenne ne dépasse pas 5 ou 600^{m}, mais quelques pics atteignent 2.000^{m}. Ces montagnes sont toujours couvertes de neige. Les côtes, très découpées, offrent partout d'excellents ports. Mais cette terre est désolée ; on n'y trouve ni arbres, ni arbustes, ni même broussailles ; seulement des mousses, des lichens et une espèce de chou, nommé pringléa ; dans quelques fonds, un peu d'herbe rare et courte.

Il y a à Kerguélen des quantités prodigieuses d'oiseaux de mer et de coquillages ; les phoques, très nombreux autrefois et qui attiraient les pêcheurs, ont disparu. Comme combustible, on trouve de la tourbe. Le climat est très froid, mais pas plus cependant que celui de l'Islande, dont le nord même est habité ;

l'hiver y est même moins rigoureux, mais l'été moins chaud. Les îles Kerguélen seraient donc habitables et il est probable que l'élevage des moutons y réussirait comme il a réussi aux îles Malouines.

Les tempêtes et les coups de vent y sont très fréquents.

Les deux petites îles de Saint-Paul et Nouvelle-Amsterdam situées au nord-est des îles Kerguélen et à environ 1.200 kilomètres appartiennent également à la France. Elles sont inhabitées, mais leur climat n'a rien de rigoureux.

L'INDE FRANÇAISE

Géographie physique. — Limites. — Superficie. Nature et configuration du sol.

Les établissements français dans l'Inde ne sont que les débris du puissant empire fondé au commencement du XVIIIe siècle, agrandi ensuite par Dupleix et par La Bourdonnais, et perdu par le traité de 1763.

La France ne possède plus dans cette immense Péninsule que des territoires isolés les uns des autres, morcelés eux-mêmes en petites fractions et dont la superficie totale ne dépasse pas 51.000 hectares.

Sur la côte occidentale de l'Inde nous possédons :

Mahé, à l'embouchure de la rivière Mahé, navigable seulement pour les barques de 60 tonneaux, 6.000 hectares ; une commune divisée en deux fractions. — 8.300 habitants.

Sur la côte occidentale nous possédons :

Karikal, à l'embouchure de l'Arselar, navigable au moment des crues pour les bâtiments de 250 tonneaux, 13.500 hectares, 3 communes, 91.000 habitants.

Pondichéry, à l'embouchure du Pambéar, non navigable, 29.000 hectares, 4 communes morcelées en 14 fractions séparées entre elles par des territoires anglais, 147.000 habitants.

Yanaon, à l'embouchure du Godavéry, navigable pour les bâtiments de 300 tonneaux, 1.500 hectares, 1 commune, 4.000 habitants.

Chandernagor, sur la rive droite de l'Hoogly, un des bras du

Gange, à 150 kil. de la mer et à 30 kil. au-dessus de Calcutta, capitale des Indes anglaises, 1.000 hectares, 1 commune divisée en deux fractions, 25.000 habitants.

La France possède encore aux Indes des Loges au nombre de huit. Ces Loges sont des factoreries ou comptoirs admirablement choisis par Dupleix pour bases de ses opérations commerciales dans l'Inde ; un très petit territoire est habituellement joint à la Loge ; dans l'un d'eux, le plus considérable de tous, à Mazulipatam, il se trouve même une petite commune appelée Francipett peuplée de 200 habitants.

Dans les Loges, la France a le droit de faire flotter son pavillon et elle y exerce certains droits de souveraineté et de juridiction.

Nous avons des Loges à Surate, Calicut, Mazulipatam, Balassore, Yougdia, Daeca, Cassimbazar et Patna.

Population. — Races indigènes. — Religion.

La population totale est de 277.000 habitants sur lesquels 2.500 Français ou métis issus de Français ; on voit donc que l'immense majorité appartient à la race indoue. Ces indigènes sont très doux, très fins, assez laborieux, très attachés à la France qui leur a donné des droits politiques fort étendus, tout en assurant leur bien-être et leur sécurité.

Ils professent presque tous le brahmanisme ; quelques-uns, mais en petit nombre, sont bouddhistes ; la religion chrétienne a fait peu de progrès.

Productions du sol. — Mines. — Forêts.

Sur un territoire aussi peu étendu (à peine le dixième d'un département français) les productions du sol ne peuvent avoir grande importance ; ce sont d'ailleurs celles des pays tropicaux :

L'arachide, en très grand progrès ; l'indigo, en décroissance ; le riz, le bétel, la canne à sucre.

Mines. — En forant un puits artésien aux environs de Pondichéry en 1882, on a découvert une mine de lignite à la profondeur de 70ᵐ. Ce banc constitue un gisement d'une épaisseur de 10ᵐ, d'une superficie de 4.000 hectares et pouvant donner lieu à une exploitation de 250 millions de tonnes.

La découverte de cette couche de lignite dans un pays complètement dépourvu de combustible minéral et très pauvre en combustible végétal constitue un fait d'une importance capitale. On s'en rendra facilement compte en observant que la houille revient dans l'Inde à 45 fr. la tonne, que ce lignite situé à une petite profondeur ne reviendra pas à plus de 10 fr. et que son pouvoir calorifique est les 2/3 de la meilleure houille.

La transformation du lignite en briquettes avec des agglutinants produits dans le pays donnera certainement lieu dans quelques années à des entreprises industrielles et à des transactions très importantes.

Forêts. — Il n'existe pas de forêts dans nos établissements de l'Inde.

Industrie. — Commerce. — Navigation.

Pondichéry est le seul des établissements français de l'Inde où il y ait quelque industrie.

La principale est une filature de coton qui fabrique les tissus appelés guinées : la filature, le tissage et la teinturerie emploient environ 5.000 ouvriers hommes ou femmes.

Le tissage à la main, sans avoir complètement disparu, est en pleine décadence. L'industrie de la teinture est très prospère ; Pondichéry reçoit de l'Inde anglaise beaucoup de toiles blanches qui y sont teintes en bleu.

Tableau du commerce en 1887.

1º COMMERCE ENTRE LA FRANCE ET SES ÉTABLISSEMENTS DANS L'INDE

Importations de France pour la colonie (commerce spécial)... 577.681 f. ⎫
Exportations de la colonie en France (commerce général) 10.427.760 ⎬ 11.005.441 f.

2° COMMERCE DES ÉTABLISSEMENTS ENTRE EUX ET AVEC LES AUTRES COLONIES ET PÊCHERIES FRANÇAISES

Importations des colonies et pêcheries françaises......... 440.391 f.

Exportations pour les autres colonies et pêcheries françaises.
- Denrées et marchandises de la colonie..................... 514.042 f.
- Denrées et marchandises provenant de l'importation...... Franç. 18.123 f. — Etrang. 132.311 → 150.434

664.476

1.104.867

.3° COMMERCE DES ÉTABLISSEMENTS AVEC L'ÉTRANGER

Importations en marchandises étrangères.
- Par navires français......... 451.132 f.
- Par navires étrangers........ 4.476.255

4.927.387

Exportations pour l'étranger.
- Denrées et marchandises de la colonie................. 6.865.752
- Denrées et marchandises provenant de l'importation..... Franç. 31.144 f. — Etr. 3.427.082 → 3.458.226

10.323.978

15.251.365

TOTAL GÉNÉRAL........................ 27.361.673

DÉTAIL DES IMPORTATIONS PAR NATURE DE MARCHANDISES

Farineux alimentaires.	208.443
Denrées coloniales de consommation	566.475
Bois	894.526
Métaux	167.358
Boissons	351.108
Tissus	2.499.360
Divers	1.258.189
Total.	5.945.459

DÉTAIL DES EXPORTATIONS PAR NATURE DE MARCHANDISES

Produits de pêche.	398.579
Fruits et graines (principalement arachides) . . .	8.407.132
Denrées coloniales de consommation	522.021
Sucs végétaux (principalement huile d'arachide) . .	2.190.610
Vitrifications (poteries, porcelaines)	2.997.695
Tissus de coton.	3.814.170
Farineux alimentaires (principalement riz)	1.187.422
Divers.	1.898.585
Total	21.416.214

Sur ce commerce total de 27.400.000 fr. (importations et exportations), Pondichéry entre pour près de 24 millions. C'est dire le peu d'importance des autres établissements.

Mouvement de la navigation en 1887.

Entrées.	87 navires français jaugeant	93.857 T
	428 navires étrangers	374.481 T
Sorties.	78 navires français.	73.606 T
	463 navires étrangers . . . -	451.696 T

Le prix du fret pour Marseille et Bordeaux est d'environ 50 fr.; pour le Hâvre il n'est que de 40 fr. (par bâtiments anglais).

Il est désolant d'avouer que le commerce considérable d'arachides qui se fait à Pondichéry et qui donne lieu à un mouvement de plus de 50.000 tonnes se fait presque exclusivement par bâtiments anglais. Sur ces 50.000 tonnes les 9/10 proviennent d'ailleurs de l'Inde anglaise.

Situation monétaire. — Banques. — Budget.
Conditions de l'existence.

La seule monnaie ayant cours dans les établissements français de l'Inde est la roupie d'argent dont le cours varie de 2 fr. à 2 fr. 50. Les moyens de remise sur France sont très nombreux et très faciles.

Banques. — La Banque de l'Indo-Chine a ouvert un comptoir à Pondichéry. Cet établissement de Crédit a été autorisé à émettre des billets qui circulent dans la colonie ; en outre, il escompte les billets à ordre à deux signatures, négocie les mandats, traites et chèques directs ou à ordre sur la métropole, l'Inde anglaise et l'étranger ; il prête sur marchandises en magasin, sur valeurs françaises et sur dépôts d'or ou d'argent.

Le budget de l'ensemble de nos établissements de l'Inde est de 2.250.000 fr. sans contribution de l'Etat.

Conditions de l'existence. — Les travailleurs indigènes de toutes sortes sont très nombreux et très habiles ; les ouvriers maçons, charpentiers, menuisiers, serruriers, ébénistes, charrons, etc., apportent dans leurs travaux autant de fini et de perfection que les ouvriers européens. Ils sont très sobres, très patients, très économes, et leur salaire est dérisoire (1 fr. à 1 fr. 50). Il suit de là qu'il n'y a aucune place dans l'Inde pour les ouvriers européens.

PRIX DES DENRÉES LES PLUS NÉCESSAIRES A LA VIE :

Bœuf.	le kilo.	0,90
Mouton	—	0,65
Pain	—	0,80
Riz.	—	0,20
Pommes de terre	—	0,25
Volailles.	la pièce	0,50
Œufs.	la douzaine	0,50

Logement : une petite maison non meublée, 25 à 30 fr. par mois.

Nous donnons ces détails pour les jeunes gens appelés dans nos établissements de l'Inde comme commis ou petits employés de l'Etat, car, nous le répétons, il n'y a aucune place pour le cultivateur ou pour l'ouvrier.

Climat. — Météorologie. — Hygiène.

Le climat de l'Inde est, en général, sain, quoiqu'il y fasse très chaud. A Pondichéry la température d'été varie de 30 à 40 degrés pendant le jour et de 25 à 30 pendant la nuit. La température d'hiver est, le jour, de 25 à 30, et la nuit de 15 à 20.

Les pluies sont assez rares ; les mois pluvieux sont : octobre, novembre, décembre et janvier.

Le régime des vents est régulier : la mousson de N.-E. règne du 15 octobre au 15 avril et la mousson de S.-O. pendant le reste de l'année.

La mer marne au plus de 2m50.

Le baromètre oscille ordinairement entre 0,755 e 0,765.

Les règles d'hygiène sont celles de tous les pays chauds ; nous les avons données plus haut.

Routes et travaux publics. — Instruction publique.

Les routes sont bonnes et bien entretenues dans les petits territoires que nous possédons. Mahé, Karikal Pondichéry et Chandernagor sont reliés par les voies ferrées anglaises.

Il est question de creuser un port à eau profonde, avec quais et docks, à Ariancoupom, village situé à 3 kil. de Pondichéry sur une des embouchures du Pambéar ; Pondichéry deviendrait ainsi une importante station de ravitaillement pour nos navires de guerre et de commerce allant en Chine ; en outre, presque tous les produits de l'Inde anglaise méridionale viendraient converger vers cette ville. L'exploitation des mines de lignite de Bahour augmenterait encore l'importance des exportations. Il faut remarquer que sur la côte orientale de l'Inde il n'y a que trois ports passables : Pondichéry, Madras et Kakinada. L'exécution de ce projet ferait de Pondichéry le port le plus important de l'Inde méridionale.

Instruction publique. — Il y a à Pondichéry un collège colonial comptant 134 élèves et un petit séminaire avec 320 élèves. Il y a, en outre, dans l'ensemble de nos établissements de l'Inde, 275 écoles de garçons et 21 écoles de filles. L'usage de la langue française est répandu.

Le budget de l'Instruction publique et de 286.000 fr.

Postes. — Télégraphes.
Communications avec la métropole.

Les établissements français de l'Inde communiquent entre eux:

1° Par les voies ferrées anglaises ;

2° Par les vapeurs de la British-India-Company qui font la côte.

Ils sont reliés à la France par les voies télégraphiques anglaises terrestres et sous-marines. La taxe du mot de France à Pondichéry est de 4 fr. 50.

Les traversées de France à Pondichéry sur les vapeurs des Messageries maritimes partant de Marseille tous les 14 jours, durent 24 jours avec transbordement à Ceylan sur des paquebots intercoloniaux qui vont de là à Madras et à Calcutta.

Prix du passage	1re classe	1.400 fr.
	2e classe	900 fr.
	3e classe	500 fr.

Il y a donc toutes les deux semaines un passage aller et un passage retour de France dans l'Inde.

Mahé, Karikal, Yanaon et Chandernagor ne sont desservis que par les paquebots anglais ou par les bâtiments de commerce.

INDO-CHINE

Au sud-est de l'Asie se trouve une presqu'île d'une immense étendue appelée l'Indo-Chine. La partie occidentale de cette presqu'île appartient à l'Angleterre ; la partie centrale constitue le royaume indépendant de Siam ; la partie orientale appartient à la France.

Les possessions françaises de l'Indo-Chine forment quatre groupes bien distincts :

1º Le Tonkin, pays de protectorat où notre domination s'exerce d'une façon immédiate et très directe ;

2º L'empire d'Annam, pays de protectorat ;

3º La Cochinchine, colonie française.

4º Le royaume de Cambodge, pays de protectorat.

Ces quatre possessions sont contiguës ; elles s'étendent du 23e au 9e degré de latitude nord (environ 1.600 kil.) et du 101e au 107e degré de longitude est. Elles forment ensemble une superficie de 370.000 kil. carrés, égale à peu près aux deux tiers de la France.

La population totale est difficile à évaluer ; des recensements n'ont pu être faits même en Cochinchine, et, d'autre part, les limites entre le royaume de Siam et l'Indo-Chine française ne sont pas définies ; on ne s'écartera pas beaucoup de la vérité en l'évaluant à 16 ou 18 millions d'habitants.

Avant de décrire séparément les quatre états qui constituent l'Indo-Chine française, il est indispensable de jeter un coup d'œil sur la configuration générale du pays.

Une chaîne de montagnes qui se détache du plateau oriental
du Thibet court du nord au sud presque parallèlement à la mer;
dans de certaines parties de l'empire d'Annam les crêtes ne sont
qu'à 50 k. du rivage ; dans le Tonkin la distance est de 5 à 600 kil.
Cette chaîne vient mourir en pente douce au Cap Saint-Jacques
en Cochinchine.

Les rivières qui prennent leur source dans ce massif coulent
dans une direction générale N.-O. — S.-E. A l'exception du Thaï-
Binh et du Song-Koï ou fleuve Rouge qui arrosent le Tonkin, elles
sont peu importantes.

A l'ouest et le long de cette chaîne se trouve un plateau assez
élevé, très fertile, très peu connu, habité par les tribus sauvages
et indépendantes des Laos, des Muongs et des Moïs. La vallée
du Mékong limite ce plateau à l'ouest.

Le Mékong est un des plus grands fleuves de l'Asie. Il prend
sa source dans les montagnes du Yunnan et coule du nord au
sud ; sa longueur est d'environ 3.300 k. ; il se jette dans la mer
de Chine par 9 embouchures dont plusieurs ont 10 k. de large,
après avoir formé par ses alluvions un immense delta qui est la
Cochinchine. Ses crues annuelles élèvent son niveau à 10 ou 12
mètres au-dessus de l'étiage.

TONKIN

Géographie physique. — Limites. — Superficie. Nature et configuration du sol.

Le Tonkin est un vaste territoire situé au sud de l'empire chinois ; il forme la partie nord de l'empire d'Annam. Le protectorat de la France s'exerce dans ce pays en vertu des traités du 9 juin 1885 avec la Chine et du 14 septembre 1885 avec l'Annam.

Le Tonkin est borné au nord par une ligne sinueuse qui partant du Cap Paklung passe à Lao-Kaï sur le fleuve Rouge ; à l'ouest par le royaume de Siam sans que les délimitations aient été fixées ; au sud par la province de Thanh-hoa dépendante de l'empire d'Annam (20e degré de lat. nord) ; et enfin à l'est par la mer. Sa superficie est d'environ 90.000 k. c., c'est-à-dire égale à 15 départements français.

Le Tonkin est constitué par le bassin de deux fleuves : le Thaï-Binh et le Song-Koï ou fleuve Rouge. Tout le bassin du Thaï-Binh appartient à la France, qui possède en outre le cours moyen et le cours inférieur du Song-Koï. Ces deux fleuves dont les embouchures sont très rapprochées communiquent entre eux par de très nombreux canaux ; leurs alluvions ont formé un delta d'environ 12.000 k. c. dont le niveau est inférieur aux crues périodiques de ces fleuves et qui serait submergé pendant la saison des pluies si tous les canaux n'étaient endigués (c'est exactement la même situation qu'en Hollande) ; quelques-unes de ces digues ont jusqu'à 7 m. de hauteur ; il faut donc se figurer le Delta du Tonkin comme une agglomération de cuvettes séparées par des rivières ou par des canaux endigués. Pendant la saison des pluies chaque cuvette se remplit d'eau et cette eau ne peut trouver d'écoulement puisqu'elle est au-dessous du niveau des eaux fluviales ; ces terrains ne commencent à s'assécher qu'au mois de novembre quand les rivières ont baissé.

Le Delta du Tonkin est entouré par une région mamelonnée à assises calcaires dont le sol est sec, rocailleux, couvert de broussailles et parsemé de massifs boisés de peu d'étendue. Au delà se trouvent les montagnes qui forment un immense demi-cercle mal connu, mal délimité, avec des fourrés impénétrables, peu de cols et presque pas de voies de communication.

Dans ces montagnes on trouve quelques pics qui atteignent 1.500 à 2.000 m.

La côte du Tonkin à partir de la frontière chinoise jusqu'aux limites de l'empire d'Annam est bordée d'îles et de récifs : on y rencontre une succession d'archipels composés de milliers d'îles formant entre elles un véritable dédale de passes et de canaux de profondeur inégale qui rendent l'atterrissage assez difficile : ces îles en calcaire marmoréen sont en général fort escarpées et presque inhabitées : leur sommet est couvert d'une maigre végétation.

A partir du Cap Paklung à la frontière de Chine on trouve successivement :

Les îles des Pirates ;

L'île de Kébao. Gisement de houille ;

La baie d'Halong d'un accès facile, très vaste et avec de bons mouillages ;

La grande île de Coc-Ba ;

L'archipel des Norway ;

Les embouchures du Thaï-Binh ;

Le Cap Do-Son ;

Et enfin les embouchures du Song-Koï.

Au sud du Cap Do-Son, les atterrissages deviennent impraticables.

En partant du nord, la première rivière importante que l'on rencontre est le Thaï-Binh qui prend sa source dans les lacs Ba-

Bé ; il reçoit quelques affluents de gauche et se divise dans son cours inférieur en un labyrinthe d'arroyos qui se croisent et s'enchevêtrent pour aboutir à la mer par six embouchures dont les deux principales portent les noms de Cua-Cam et de Cua-Dong-Trien. La première de ces embouchures laisse pénétrer à marée haute des bâtiments de 5 m. de tirant d'eau et la seconde des bâtiments de 6 m.

Le Cua-Cam conduit à Haï-Phong ; c'est l'artère principale du Tonkin.

Le Thaï-Binh a environ 400 k. de longueur.

Les centres de population les plus importants du Thaï-Binh sont :
Thaï-Nguyen, 6.000 habitants.

Bac-Ninh (siège d'une Résidence) qui comptait avant la guerre 10 à 12.000 habitants, mais qui a été rasée et dévastée : la population, presque entièrement chinoise, a disparu. Cette ville commence à se repeupler ; elle ne compte actuellement que 3.500 hab.

Haï-Duong (vice-résidence), autrefois la ville élégante, la ville de jeux et de plaisirs du Tonkin et l'entrepôt du commerce de l'opium ; elle comptait 20.000 habitants, dont la moitié chinois ; elle a été ruinée, mais se relève rapidement ; sa population actuelle est de 10.000 habitants.

Haï-Phong (Résidence), de création toute récente, aujourd'hui le grand port et l'entrepôt du Tonkin, située sur la branche du Taï-Binh appelée le Cua-Cam. Cette ville doit son importance à la facilité d'accès du Cua-Cam ; malheureusement elle est bâtie dans un marais et l'eau douce y est rare ; le sol est très bas, souvent inondé, et il faudra de grands travaux de terrassement pour créer des terrains à bâtir. La population est d'environ 12.000 habitants.

A ces villes, situées dans le bassin du Taï-Binh, il faut ajouter Cao-Bang et Lang-Son qui doivent leur importance à la proximité de la frontière chinoise.

Le Song-Koï ou fleuve Rouge coule parallèlement au Thaï-Binh, mais prend sa source beaucoup plus haut, dans les montagnes du Yun-Nan ; son cours, de 800 k., est supérieur à celui de la Seine. Jusqu'à Lao-Kaï, le Song-Koï se trouve en territoire chinois : c'est à partir de ce bourg, célèbre dans la dernière guerre, qu'il coule dans les possessions françaises ; de Lao-Kaï à la mer, il y a à peu près 400 kilomètres.

Au-dessous de ce bourg, le fleuve traverse un pays de montagnes mal explorées jusqu'à présent ; sa profondeur ne permet pas aux canonnières d'y naviguer ; il ne peut porter que des barques plates ou des radeaux. A 100 k. de Lao-Kaï, on trouve une succession de chutes ou de rapides qui entravent la navigation, mais au-dessous du dernier rapide et jusqu'à Hanoï, les bateaux calant deux mètres circulent en toute saison.

A 200 k. au-dessous de Lao-Kaï, le fleuve Rouge reçoit, presque en face l'un de l'autre, deux grands affluents : l'un de droite, la rivière Noire ; l'autre de gauche, la rivière Claire, qui augmentent beaucoup le volume de ses eaux.

A partir de cet endroit, on trouve successivement sur son cours:

Son-Tay (Résidence), siège de la résistance des Pavillons Noirs, comptait 15.000 habitants avant la guerre, a été ruinée, se relève lentement et en compte aujourd'hui 4.000.

Hanoï (Résidence), capitale du Tonkin, le grand centre commercial du pays, compte environ 80.000 habitants ; les travaux et les constructions y prennent un grand développement ; nous y avons construit des bâtiments pour l'administration, des casernes, des hôpitaux, des halles, des quais, des rues et des boulevards. Tous les six jours il s'y tient un grand marché qui attire 15 ou 20 mille habitants des campagnes ; ils y apportent leurs denrées et remportent des marchandises européennes, chinoises ou indigènes.

Malheureusement le sol de la ville est au-dessous des grandes crues du fleuve Rouge qui atteignent parfois jusqu'à 7 mètres. Les inondations y sont donc fréquentes quoique les alentours soient endigués.

Hung-Yen, 3.000 habitants.

Nam-Dinh (Résidence), 30.000 habitants ; la seconde ville du Tonkin, centre du commerce du riz, située sur un canal qui relie deux des branches du fleuve Rouge.

Ninh-Binh (Résidence), 30.000 habitants, a peu souffert pendant la guerre ; population agricole.

Tuyen-Quang sur la rivière Claire et Hong-Hoa sur le fleuve Rouge, quoique chefs-lieux de province, ont peu d'importance.

Le fleuve Rouge se jette dans la mer par sept embouchures, dont cinq sont impraticables à cause des barres et des bancs qui les obstruent ; les deux autres, le Day et le Traly, donnent accès à des bâtiments qui ne calent pas plus de 3 mètres.

Un nombre infini de canaux fait communiquer les deux grands fleuves du Tonkin, mais la plupart d'entre eux ne donnent passage qu'à des bâtiments d'un très faible tonnage ; le plus important est le canal des Rapides.

Population. — Races indigènes. — Religion.

La population du Tonkin est de 8 à 10 millions d'habitants.

Le Tonkinois ou Annamite du Nord constitue l'immense majorité de la population du Tonkin. C'est une des nombreuses branches de la race jaune.

Le Tonkinois est plus petit que le Chinois, moins robuste, moins résistant, en général moins industrieux, mais tout aussi intelligent. Sa taille est petite ; elle ne dépasse pas 1m60 pour les hommes et 1m52 pour les femmes ; le crâne est brachycéphale ou arrondi.

L'Annamite est courageux, actif ; il a beaucoup de sagacité et de discernement ; mais il est vain, léger, hâbleur, vindicatif, et très joueur ; la langue est monosyllabique ; l'idiome savant est le chinois ; il n'existe pas de littérature annamite.

Quoique la forme du gouvernement fût despotique avant notre arrivée, avec une législation très dure et très méticuleuse, la plus grande égalité régnait entre tous les indigènes ; tout Annamite pouvait aspirer aux emplois les plus élevés ; il n'y avait pas d'aristocratie et pas d'autres distinctions que celles que conférait l'autorité royale ; ces distinctions étaient essentiellement révocables et tout homme tombé du pouvoir rentrait dans la foule.

La commune est fortement organisée.

L'esclavage n'a jamais existé au Tonkin.

La religion est très vague, comme en Chine ; elle consiste

principalement dans le culte des ancêtres et dans l'adoration du ciel et de la terre ; les pratiques extérieures se bornent à des formules de sorcellerie et d'incantation destinées à s'attirer la faveur des bons génies et à éloigner les mauvais.

On trouve dans le Tonkin quelques temples bouddhistes, mais en petit nombre. Depuis un demi-siècle la religion chrétienne a fait de notables progrès. On trouve dans le Tonkin trois missions catholiques : deux espagnoles et une française. Les deux premières comptent environ 210.000 chrétiens, la troisième 190.000.

Les chrétiens annamites et surtout ceux qui appartiennent à la mission française nous sont très dévoués et nous ont rendu les plus grands services pendant la guerre ; ils fournissent actuellement le principal noyau des tirailleurs tonkinois. Les chrétiens des missions espagnoles commencent à se rallier à notre cause ; à l'origine, les missionnaires espagnols (Dominicains) nous étaient très hostiles.

Les Muongs ou Moïs qui habitent dans les montagnes sont également de race jaune ; ils sont dolichocéphales et prognathes ; ils ont les yeux obliques, le teint cuivré, les pommettes saillantes ; leur taille est très petite, à peine plus grande que celle des Lapons. Ces indigènes ont été refoulés dans les montagnes par les invasions khmers, annamites et chinoises et constituent très probablement la race aborigène. Ils parlent un dialecte annamite, mais ne se mélangent pas avec ces derniers et vivent tout à fait à part. Ils se livrent à la culture et à l'élève du bétail, ont des maisons propres et commodes et sont très attachés à leur sol et à leurs coutumes. On suppose qu'ils atteignent le chiffre de 2 à 300.000.

Les Chinois, avant la guerre, étaient au nombre d'environ 50.000 dans le Tonkin ; ils ne sont plus guère que 20.000, et s'occupent tous de négoce. Connaissant parfaitement le pays, ils sont les intermédiaires obligés des importateurs et des consommateurs. Leur petit nombre tient au bas prix de la main-d'œuvre dans le Tonkin et à l'absence de produits d'exportation.

Productions du sol. — Mines. — Forêts.

Le riz est la grande production du pays ; tous les terrains du Delta et les parties arrosables des hauts plateaux sont consacrés aux rizières ; celles-ci couvrent une superficie de 1 million d'hectares et produisent environ 30 millions de piculs de riz (le picul équivaut à 60 kilogrammes 400 gr.).

L'exportation du riz est actuellement permise, mais les moyens de transport sont si insuffisants et l'excédant de la récolte sur la consommation dans ces dernières années de troubles est si peu élevé que l'on n'en a jamais exporté jusqu'à présent plus de 500.000 piculs. (Le picul de riz vaut à peu près 8 fr.)

Nous parlerons avec détails de la culture et du commerce du riz quand nous traiterons de la Cochinchine qui peut à bon droit passer pour le grand pays de production.

La canne à sucre est cultivée depuis très longtemps dans le Tonkin ; elle fournit un sucre de médiocre qualité, mais en quantité suffisante pour la consommation du pays, et on peut encore en exporter en Chine. La culture de la canne est tout à fait primitive ainsi que les procédés d'extraction ; c'est une culture à améliorer.

Sur beaucoup de points on cultive le mûrier nain (mûrier sauvage non greffé) ; il donne des feuilles pendant toute l'année mais en petite quantité : on le plante trop serré et dans des terrains trop humides. C'est encore une culture à améliorer et qui peut donner de très bons résultats ; nous parlerons des vers à soie dans le chapitre suivant.

Le Tonkin produit encore du coton, de l'indigo, du bétel, du tabac, du thé, du ricin, du cunao (teinture brune extraite d'un tubercule) ; mais ces cultures ont peu d'importance. Elles sont en général mal dirigées et les procédés sont très arriérés.

On trouve dans ce pays des chevaux de très petite taille (1^m 20 au garrot), mais agiles et résistants, des bœufs également de petite taille, des buffles qui servent aux travaux de l'agriculture, des porcs en grande quantité et beaucoup de volailles, surtout des canards.

Mines. — Le Tonkin est très riche en mines, surtout dans les régions montagneuses et principalement dans les provinces de Thaï-Nguyen et Tuyen-Quang. Il existe des mines d'or, d'argent, de fer, de cuivre, de plomb, de zinc, de mercure, de soufre, de nitre et de charbon. Malheureusement, la plupart de ces mines se trouvent dans des régions difficilement accessibles, encore occupées par des bandes ennemies, et il a été non seulement impossible de les étudier sur place, mais encore d'obtenir des échantillons authentiques ; la plupart de ceux qu'on a pu recueillir ont été pris à la surface et ne donnent pas une idée réelle de la valeur des filons.

A notre arrivée, il y avait au Tonkin une centaine de mines exploitées ; 93 seulement payaient une redevance au gouvernement annamite ; les autres couvraient à peine leurs frais.

Les mines d'or ne sont que des sables aurifères ; ces mines au nombre de 6 payaient une redevance de 6.000 fr. ; on suppose qu'il y a des quartz aurifères.

Six mines d'argent payaient une redevance de 6 à 7.000 fr.

    Cinq de cuivre payaient. . . . .   8.000 fr.

    Une de plomb. . . . .   7.000 fr.

17 de fer, une de zinc, une d'étain payaient également quelques redevances.

Il ne faudrait pas juger la richesse des mines par la faible valeur des redevances ; les procédés d'exploitation et d'extraction étant des plus primitifs.

Les mines de charbon quoique nombreuses n'ont jamais été exploitées ; on ne connaît que les charbons de surface qui sont médiocres ; mais c'est là un fait général, qui ne peut rien laisser présumer sur la qualité des couches inférieures.

Forêts. — La zone des forêts a une superficie considérable ; elle couvre la portion montagneuse du Tonkin et ne s'arrête qu'en Chine. Elle est fort mal connue, mais on a tout lieu de croire que les massifs boisés contiennent peu d'arbres de haute dimension ; les bois de construction employés par les Annamites dépassent rarement 5 mètres de longueur sur 0,50 de diamètre.

Industrie. — Commerce. — Navigation.

La première et la plus importante des industries du Tonkin est celle de la soie.

En raison de la douceur du climat, le mûrier donne des feuilles pendant presque toute l'année ; on élève donc des vers d'une façon à peu près continuelle. Les vers sont petits, paraissent anémiés et sont presque tous à cocons jaunes ; les cocons blancs sont rares. On fait en général quatre éducations par an.

Les cocons pleins valent à Hanoï 1 fr. le kilo.

L'éducateur file rarement ses cocons lui-même ; habituellement ils sont achetés par de petits filateurs qui emploient 8 à 10 fileuses. Les procédés sont très primitifs, quoique les femmes annamites aient une grande habileté. En somme, les cocons produits au Tonkin sont de très médiocre qualité ; le mûrier donne peu de feuilles et elles sont peu substantielles. Presque toute la soie est vendue aux Chinois qui la transportent à Canton et la mélangent avec leurs soies jaunes écrues. Une petite portion reste dans le pays où elle est dévidée, puis tissée en étoffes écrues et le plus souvent employée dans cet état sans avoir été teinte ; on suppose que la production de la soie au Tonkin atteint 1.200.000 kil.

On fabrique dans le pays des tissus de coton : cette étoffe constitue l'habillement de presque toute la population indigène. On a calculé que, sur la quantité totale de pièces de coton nécessaires à la consommation, 1/10 était fabriqué avec des fils de coton indigène, 7/10 avec des fils provenant d'Angleterre ou de l'Inde.

2/10 proviennent de l'importation de pièces de coton fabriquées provenant presque toutes d'Angleterre.

Il y a au Tonkin plusieurs fabriques de papier indigène : les produits sont bons et résistants.

Sucre. — Le sucre indigène est de qualité très inférieure ; c'est une industrie à transformer.

Alcool de riz. — C'est la seule liqueur spiritueuse dont les Annamites fassent usage ; on se sert pour la fabriquer de l'espèce appelée nep. Le procédé de fabrication est des plus simples ; on met le riz dans une marmite en terre, on lui fait subir diverses fermentations, on recouvre ensuite la marmite d'un couvercle que l'on blute et dans lequel on pratique un orifice qui reçoit un tuyau de bambou destiné à conduire les vapeurs dans le condensateur. Cette industrie entre les mains des Européens pourrait donner de beaux bénéfices.

On trouve dans le Tonkin quelques fonderies de cuivre et de bronze, mais qui ne coulent que de petites pièces.

Les autres industries les plus répandues sont celles de la teinture, de l'ébénisterie et de la marqueterie, de la poterie, de la broderie sur flanelle ou sur soie. Ces produits ne manquent pas de goût, mais ils sont inférieurs aux similaires de la Chine ou du Japon.

Commerce. — En général, au Tonkin, l'homme ne fait pas de commerce ; il est cultivateur ou artisan. Le commerce est entre les mains des Chinois qui emploient comme intermédiaires, comme commis et souvent comme associés, des femmes annamites ; ces femmes ont une intelligence et une aptitude commerciales très remarquables : elles sont douces, laborieuses, sérieuses et très avisées.

Une vingtaine de maisons de commerce françaises importantes se sont établies au Tonkin ; le commerce allemand est représenté par deux maisons sérieuses ; il n'y a pas de négociants anglais.

Cependant les produits anglais inondent le pays. C'est qu'ils sont importés de Singapore par des maisons chinoises et ces maisons ont bien plus de facilité à les faire venir de ces entrepôts qu'à les demander directement à l'Europe. Singapore et Canton (ou Hong-Kong) ont des marchés considérables en relations journalières avec les expéditeurs anglais ; ces derniers donnent les cotonnades en fret de retour aux nombreux navires qui portent à Londres la soie, le thé, l'indigo, la porcelaine, etc.....; le fret est donc assuré et le stock des marchandises constamment renouvelé.

Telle est la situation commerciale contre laquelle il nous faut lutter. Les droits différentiels peuvent évidemment nous aider, mais il faut surtout que nos industriels modifient leur fabrication et se décident à produire des tissus conformes aux usages du pays, de qualité moyenne et à bon marché.

Le Tonkin n'a qu'un seul port de commerce; c'est Haï-Phong qui est le port de réception des marchandises de tous pays; toutes les maisons de commerce y ont des représentants. Les marchandises débarquées à Haï-Phong sont ensuite expédiées par chaloupes à vapeur ou par bateaux plats sur Hanoï, Bac-Ninh, Nam-Dinh, etc...; c'est également le port d'embarquement des marchandises d'exportation.

Tableau du commerce de l'Annam et du Tonkin en 1887.

1° COMMERCE ENTRE LA FRANCE, L'ANNAM ET LE TONKIN

Importations de France dans la colonie............ 6.073.520 f 39 c ⎞
Exportations de la colonie en France............. 167.258 21 ⎠ 6.240.778 f 60 c

2° COMMERCE DE L'ANNAM ET DU TONKIN AVEC LES AUTRES COLONIES
ET PÊCHERIES FRANÇAISES

Importations des colonies et pêcheries françaises..... 2.608.638 61 ⎫
Exportations pour les colonies et pêcheries françaises. ⎰ Denrées et marchandises de la colonie........... 2.038.917 f 45 c ⎱ 2.038.917 45 ⎬ 4.647.556 06
Denrées et marchandises provenant de l'importation. { Françaises. » / Etrangères. » } »

3° COMMERCE DE L'ANNAM ET DU TONKIN AVEC L'ÉTRANGER

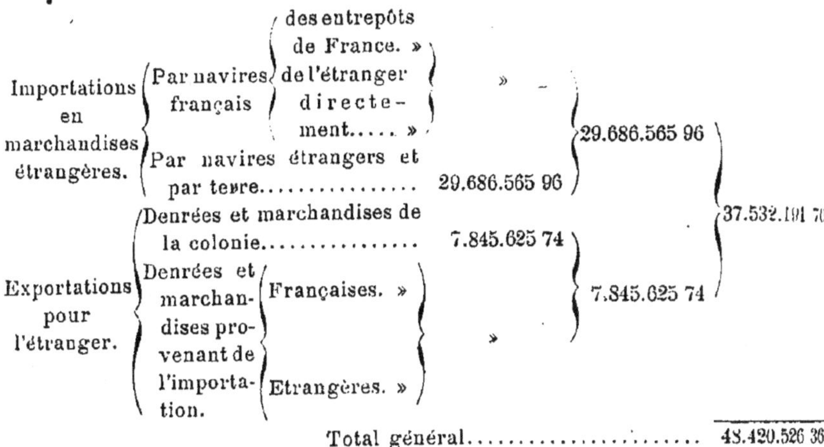

Total général...................... 43.420.526 36

DÉTAIL DES PRINCIPALES IMPORTATIONS
PAR NATURE DE MARCHANDISES

Allumettes................................	414.000 fr.
Bois de construction et bois ouvrés....	200.000
Chaloupes à vapeur.................	1.167.000
Houille	288.000
Ciment	282.000
Conserves alimentaires...........	500.000
Coton filé.........................	4.290.000
Farines	820.000
Huiles.............................	400.000
Légumes frais et secs.............	450.000
Machines et outils.................	300.000
Médicaments......................	1.480.000
Métaux............................	870.000
Opium.............................	2.750.000
Papier.............................	700.000
Riz et Paddy......................	5.700.000
Thé...............................	1.493.000
Tissus de { Coton.................	2.000.000
Soie	560.000
Laine.............................	150.000
Vin et liqueurs...................	1.942.000

Total...... 26.756.000 fr.

DÉTAIL DES PRINCIPALES EXPORTATIONS
PAR NATURE DE MARCHANDISES

Cannelle	1.957.000 fr.
Coton brut et égrené	425.000
Cunao	715.000
Huile à laquer	230.000
Soie (filée, grège et redévidée)	2.445.000
Sucre	215.000
Sel	363.000
Total	6.350.000 fr.

Tableau de la navigation en 1886.

Entrées
- 71 navires français jaugeant . . . . 42.000 T
- 86 navires étrangers — . . . . 51.000 T

Sorties
- 65 navires français jaugeant . . . . 38.900 T
- 87 navires étrangers — . . . . 49.000 T

Il n'est guère fait d'autres transactions au Tonkin qu'avec Hong-Kong et Saïgon.

Prix du fret :
- Pour Saïgon . . . . 32 fr.
- Pour Hong-Kong . . . . 10 »

En 1887, les marchandises passées en transit de Hanoï au Yun-nan, province chinoise, ont atteint la valeur de 163.817 fr.

Situation monétaire. — Banques. — Budget.
Conditions de l'existence, pour l'indigène et pour l'Européen.

Le système monétaire du Tonkin est le même que celui de la Chine : le *taël* en est la base. Cependant, la piastre mexicaine est, comme dans les ports ouverts de la Chine, la monnaie courante.

La véritable monnaie de circulation est la sapèque, petite pièce ronde, de zinc, percée d'un trou carré.

600 de ces pièces forment une ligature.

La valeur de la ligature, par rapport au taël ou à la piastre, n'est pas fixée ; elle varie suivant la situation du marché, la plus ou moins grande abondance des piastres, les ventes ou les achats.

Le taël vaut le plus habituellement 9 ligatures, ou 5 fr. 85.

La piastre   —   6   —   ou 3 fr. 85.

Il en résulte que la ligature vaut à peu près 0 fr. 60, et que 10 sapèques valent 1 centime.

Banques. — Il existe au Tonkin une succursale de la banque d'Indo-Chine. Deux autres banques particulières viennent de s'établir : elles délivrent des traites, escomptent des effets de commerce et prêtent sur varrants.

Le taux de l'intérêt n'est régi par aucune loi ; il oscille entre 18 et 36 %.

Conditions de l'existence pour l'indigène. — La période de guerre et de conquête, qui vient à peine de finir, a fait refluer dans le Delta une partie notable de la population du Tonkin ; il en résulte que, sur un espace très limité, il y a surabondance de population, et que la main-d'œuvre est excessivement bon marché.

Les routes sont si étroites que le transport, qui se fait par voie terrestre, s'effectue à dos d'homme. Une partie de la population est donc occupée à l'industrie des transports.

Dans presque tous les métiers, la femme tonkinoise fait concurrence à l'homme ; elle a autant d'aptitude que lui, avec beaucoup plus d'esprit d'ordre ; et cette concurrence fait encore baisser le prix de la main-d'œuvre.

Dans les campagnes, l'homme gagne de 15 à 20 centimes par jour, non nourri ; dans les villes, de 25 à 30 centimes. Dans les fabriques de papier et les filatures de soie, les femmes gagnent 25 centimes.

Les prix dont nous parlons sont ceux qui existaient à notre prise de possession. Aujourd'hui, ils sont restés les mêmes entre indigènes, mais ont sensiblement augmenté vis-à-vis des Européens : un coolie ou porteur, un ouvrier employé par le Génie ou par un commerçant européen se paye de 60 à 80 centimes par jour.

L'ouvrier annamite est intelligent. Sous l'impulsion française, il se forme ; et on commence à en tirer bon parti, comme maçon, menuisier, tailleur, cordonnier. Il n'est pas douteux qu'il arrive à suffire, comme travailleur, à la plupart des besoins des industries européennes.

L'Annamite vit de fort peu de chose : de riz et de poisson, fort abondants dans le pays. On a calculé que la consommation annuelle de riz par habitant ne dépasse pas 3 piculs et demi (210 kilog.). Il habite des paillottes, et s'habille avec quelques mètres de coton. Il résulte de ce que nous venons de dire que l'ouvrier européen ne pourra jamais lutter contre la main-d'œuvre indigène. Le Chinois même, si sobre, si économe, si dur au travail, ne peut vivre au Tonkin comme ouvrier ou journalier ; il ne réussit qu'à la condition de faire le commerce ; là, il est incomparable. Il a une connaissance intime du caractère et des besoins de la population indigène ; il sait faire pénétrer les produits importés jusque dans les dernières couches de la population, et, par là, se trouve seul en état d'entreprendre un commerce de détail.

Conditions de l'existence pour l'Européen. — L'Européen ne peut songer à venir au Tonkin, ni pour cultiver la terre, ni pour faire le petit commerce, ni pour exercer une profession manuelle (à quelques rares exceptions près : mécanicien, contremaître, ouvrier d'art). Il ne peut réussir que dans les grandes industries agricoles, qui sont toutes à perfectionner :

Décorticage du riz,

Fabrication de l'alcool de riz,

Fabrication du sucre,

Coton et industries dérivées,

Soie et industries dérivées,

Industrie des mines.

En résumé, il n'y a d'avenir au Tonkin que pour le colon, négociant en gros, ou l'industriel disposant de capitaux et de crédit.

PRIX DES PRINCIPALES DENRÉES A HANOÏ

Pain. . . . . le kilog. Fr.		0 80
Viande de bœuf . . . . —		1 90
— de mouton . . . . —		0 »
— de porc. . . . . —		0 20
Pommes de terre. . . . . —		0 75
Volailles. . . . . la pièce.		0 50
Canard. . . . . —		0 70
Œufs. la douzaine.		0 40

Pension dans un hôtel ordinaire : 150 à 200 fr. par mois.

Une seule petite chambre dans un hôtel : 50 fr. par mois.

Les vêtements et la chaussure sont deux fois plus chers qu'en France.

Climat. — Météorologie. — Hygiène.

Il n'y a pas au Tonkin, à proprement parler, de saison sèche et de saison humide ; il y a plutôt une saison chaude et une saison fraîche. Cette dernière peut être comparée à l'hiver de la Provence : elle est très réconfortante pour l'Européen. Les étés sont très chauds et très fatigants ; ils commencent en mai pour finir en septembre ; pendant trois mois la moyenne atteint 30 degrés.

Les différences entre la nuit et le jour sont presque insensibles ; il devient impossible aux Européens de travailler le jour et de reposer la nuit : il en résulte une transpiration et un accablement constants ; alors les forces diminuent et le corps se débilite.

Pendant les mois de juin, juillet et août, il tombe des torrents d'eau : quelquefois 10 centimètres en vingt-quatre heures.

L'hiver, qui commence en novembre et finit en mars, est presque toujours sec au début et humide à la fin. Les vents régnants sont ceux du N.-E. en hiver, et du S.-E. en été.

Il survient quelquefois en été des tempêtes tournantes appelées typhons qui causent d'immenses désastres ; les maisons sont ébranlées, les toitures enlevées, les arbres arrachés, les fleuves sortent de leur lit, la mer est démontée et les navires sont en perdition. En 1882, la mer s'éleva de 8m50 au-dessus du niveau des plus fortes marées ; le littoral fut envahi par les eaux à la distance de plusieurs kilomètres, et 40.000 personnes périrent.

Dans le golfe du Tonkin, les marées n'ont pas plus de 3m50 d'amplitude. La hauteur barométrique moyenne oscille autour de 0,76.

Les maladies les plus fréquentes sont : la dyssenterie, le choléra (endémique dans le pays), les affections du foie et, par-dessus tout, l'anémie. Il faut aussi porter la plus grande attention aux maladies de la peau. Les plaies, même de simples égratignures, sont longues et difficiles à guérir.

On supporte bien le climat pendant deux ans ; à ce moment, il devient prudent de venir passer quelques mois en France.

Conseils hygiéniques. — Autant que possible, ne boire que des eaux ayant subi l'ébullition, — porter des chemises de flanelle et un casque en feutre. — De mai à octobre, éviter de sortir de dix heures à trois heures. — Avoir une vie très sobre et très réglée. — Prendre du vin de quinquina. — Veiller à une grande propreté du corps. — Choisir une habitation saine et bien aérée, et avoir soin de tenir les fenêtres très fermées pendant la nuit. — Eviter la proximité des fosses d'aisance, et les assainir avec des produits chimiques. Cette dernière recommandation est très importante.

Routes et Travaux publics. — Instruction publique.

Ainsi que nous l'avons dit plus haut, les plus importantes voies de communication au Tonkin sont les fleuves et canaux. Il existe cependant des voies terrestres ; la plus importante est la route royale qui part de Hué, capitale de l'empire d'Annam, et aboutit à la frontière de Chine. Elle va du sud au nord, longe la mer, traverse toutes les provinces septentrionales de l'Annam et pénètre dans le Tonkin ; elle passe à Ninh-Binh, Hanoï, Bac-Ninh et

Langson. D'Hanoï à la frontière de Chine, il y a environ 170 kil.
Cette route est passable ; elle a une largeur de 6 à 7 mètres.

A cette route viennent se souder celles qui arrivent des chefs-
lieux de province ; elles sont moins larges que la route royale,
et médiocrement entretenues.

Il existe en outre des chemins ruraux, mais ce ne sont que de
simples sentiers de 1m à 1m 50 de large.

Toutes les voies de communication au Tonkin sont à améliorer.

Digues. — Le système des digues est très bien conçu : leur
développement est fort grand ; il atteint 2.000 kil. Quelques-unes
d'entre elles ont 7 mètres de haut, 22 mètres de base et 3 mètres
à la partie supérieure ; leurs talus sont soignés, les faîtes servent
de chemins. Beaucoup d'entre elles sont à consolider.

Il y a des sommes considérables à dépenser au Tonkin en travaux publics :

Digues, routes et chemins ;

Travaux d'assainissement des villes ;

Forts et Phares ;

Quais et terrassements à Haï-Phong ;

Redressement et approfondissement des canaux.

Beaucoup de ces projets sont à l'étude et seront entrepris dès
que la situation budgétaire le permettra.

Instruction publique. — Il n'y a au Tonkin aucun enseignement
officiel. Dans les gros villages et dans les villes on trouve habituellement un maître d'école qui apprend aux enfants à lire et à
écrire l'écriture chinoise.

Les missions françaises et espagnoles élèvent un assez grand
nombre d'enfants ; ils sont dociles et intelligents ; on leur apprend
à lire et à écrire le français ou l'espagnol et à compter.

Le gouvernement s'occupe de cette question si importante de
l'instruction publique. C'est en répandant notre langue que nous
ferons pénétrer nos idées dans les jeunes générations : nous
arriverons ainsi à nous les assimiler et à consolider notre domination par le moyen à la fois le plus sûr et le plus pacifique.

Postes. — Télégraphes.
Communications avec la métropole.

Depuis le commencement de l'année 1884, le service des postes a été confié aux agents de cette administration ; il commence à fonctionner d'une façon régulière. Entre Haï-Phong et Hanoï les correspondances sont presque journalières ; avec les autres postes elles sont à intervalles plus ou moins longs suivant l'importance de la localité desservie. Il y a actuellement 5 bureaux de poste dans le Tonkin et en outre 9 bureaux de distribution confiés le plus habituellement aux sous-officiers vaguemestres des détachements militaires.

Les correspondances sur l'Europe sont centralisées à Haï-Phong et expédiées de là soit sur [Hong-Kong, soit sur Saïgon, suivant le départ des vapeurs.

Télégraphes. — Le réseau électrique a son centre à Hanoï ; il rayonne de là dans trois directions :

1º Hanoï à Haï-Phong ;

2º Hanoï — Sontay — Hung-Hoa ;

3º Hanoï — Bac-Ninh.

En outre tous nos postes militaires au nombre de 22 sont reliés entre eux par un réseau optique. Ce moyen de communication a rendu les plus grands services pendant la guerre. Actuellement on le remplace par la communication électrique au fur et à mesure des ressources. Le nombre des dépêches transmises par les appareils optiques, en 1884, dépasse le chiffre de 16.000.

Un câble télégraphique sous-marin relie Haï-Phong et Hong-Kong ; un autre relie Haï-Phong, Thuan-An en Annam et le Cap Saint-Jacques en Cochinchine.

La taxe du mot de France au Tonkin est de 7 fr. 15.

Communications avec la métropole. — Le Tonkin est relié à la France par les vapeurs de la Compagnie des Messageries mari-

times qui partent de Marseille tous les 14 jours et atteignent Saïgon après une traversée de 4 semaines. Ces bâtiments laissent à
Saïgon les voyageurs, marchandises et correspondances à destination du Tonkin. Deux jours après, un paquebot part de Saïgon,
dessert les stations de Cam-Ranh, Qui-Nhon et Tourane en
Annam et arrive à Haï-Phong après une traversée de 8 jours. Les
départs de Saïgon pour Haï-Phong et réciproquement ont lieu
tous les 14 jours.

Prix du passage de Marseille à Saïgon	1re classe . . 1.675 fr.
	2e id. 1.040 »
	3e id. 600 »
Prix du passage de Saïgon à Haï-Phong	1re classe . . 234 fr.
	2e id. 177 »

Il existe un autre moyen de communication avec l'Europe; il
consiste à quitter Haï-Phong sur les vapeurs de la compagnie
Roque qui partent tous les cinq jours de cette ville pour Hong-
Kong. A Hong-Kong, on trouve de très nombreuses lignes françaises, anglaises, américaines, allemandes, hollandaises qui de là
rayonnent sur toutes les parties du monde.

ANNAM

Géographie physique. — Limites. — Superficie.
Nature et configuration du sol.

L'empire d'Annam est placé sous le protectorat français en conformité des traités des 6 juin 1884 et 14 septembre 1885. Ce protectorat met entre nos mains les relations extérieures de l'empire, mais ne nous permet aucune immixtion dans l'administration intérieure. Les trois provinces méridionales du Tonkin, Ha-Tinh, Nghe-an et Than-hoa, sont distraites du Tonkin pour être rattachées à l'Annam.

Le territoire de l'empire s'étend du 20e au 11e degré de latitude nord et du 107e au 103e de longitude est. L'Annam forme une sorte de ruban affectant à peu près la figure d'un *S*, resserré entre les montagnes et la mer, et dont la largeur moyenne ne dépasse pas 60 à 80 kilomètres. Au delà des montagnes et à l'ouest se trouve un plateau dont les limites ne sont pas définies ; il est habité par les peuplades à moitié sauvages des Laos et des Moïs.

Les limites politiques de l'empire sont : au nord, le Tonkin ; à l'ouest, le royaume de Siam ; au sud, la Cochinchine.

La chaîne de montagnes qui sépare l'Annam des pays Moïs envoie à l'est de nombreux contreforts entre lesquels coulent des rivières peu importantes. Cette chaîne est de formation calcaire, mais sur quelques endroits se trouvent des soulèvements schisteux ; les crêtes sont mamelonnées et le plus souvent dénudées ; on rencontre des pics qui atteignent 2.000 mètres, mais la hauteur moyenne ne dépasse pas 600 à 700 mètres.

Au nord de l'Annam, dans la partie où la chaîne de montagnes s'éloigne le plus de la côte, on trouve deux rivières assez importantes : le Song-Ma et le Song-Ca. Ces deux cours d'eau sont reliés entre eux par une canalisation très remarquable ; ils ne sont accessibles qu'au petit cabotage.

Les côtes de l'Annam septentrional et de l'Annam central sont basses, sablonneuses, sans abris, couvertes de lagunes ; les fleuves forment à leur embouchure des barres qui en rendent l'entrée impraticable pour les bâtiments même d'un tonnage moyen. Dans l'Annam méridional, au contraire, les montagnes longent la mer de très près, et les côtes sont fortement dentelées.

A partir du nord, on trouve successivement :

L'embouchure du Song-Ma ;

L'embouchure du Song-Ca ;

Le cap Ving-Chua, grand massif boisé de 1.000 m. d'élévation ;

La rivière de Hué, sur laquelle se trouve Hué, capitale de l'empire. Cette rivière débouche dans une lagune assez profonde, mais dont l'entrée est obstruée par une barre qui ne laisse pénétrer que les bâtiments ne calant pas plus de 3 mètres ; les canonnières calant 1^{m}80 peuvent remonter jusqu'à Hué. Cette ville compte 40.000 habitants ; elle est la résidence de l'empereur d'Annam et le centre du gouvernement ; nous y avons un résident supérieur et une garnison ; elle est assez commerçante et entourée de villages très peuplés ;

La baie de Tourane, immense bassin presque fermé, avec un bon mouillage de 6 à 9 mètres d'eau. Plusieurs rivières se jettent dans la baie de Tourane ; sur l'une d'elles se trouve la seconde ville de l'empire, Phaï-pho, très commerçante, 15.000 habitants, centre de population chinoise, doit sa prospérité à la profondeur de sa rivière qui permet aux grandes jonques d'y arriver ;

Le port et la ville de Qui-Nhon. Cette ville est commerçante ; malheureusement, le port est fermé par une barre qui ne laisse pénétrer que des bâtiments de 5 mètres. Il y a à Qui-Nhon un résident français et une garnison ; c'est un point de relâche pour les paquebots qui vont de Saïgon à Haï-phong ;

Le port de Xuan-Daï, excellent mouillage de 8 mètres de profondeur ; c'est le meilleur de l'empire ; très vaste, très sûr, d'un accès facile, et destiné à un grand avenir ;

La baie de Cam-Ranh, une des meilleures de la côte.

La superficie de l'empire d'Annam est d'environ 100.000 kilomètres carrés.

Population. — Races indigènes. — Religion.

On n'a que des données très vagues sur la population de l'empire d'Annam. On suppose qu'en dehors des tribus indépendantes elle compte 2.000.000 d'âmes.

L'empire d'Annam et le Tonkin étant habités par la même race, nous ne reproduirons pas les détails que nous avons donnés plus haut, sur la race annamite.

La religion est la même qu'au Tonkin. La religion chrétienne fait de notables progrès ; les Annamites convertis nous sont très utiles et très fidèles.

Productions du sol. — Mines. — Forêts.

L'Annam est un pays pauvre avec tous les éléments qui pourraient constituer la richesse. Il y a beaucoup de terrains d'alluvion ; les montagnes qui s'élèvent en gradins permettraient des cultures variées et il y a beaucoup d'eau ; mais la détestable administration du pays, les impôts énormes, l'absence presque totale de voies de communication, ont ruiné la contrée pour de longues années.

Les principales productions du sol sont :

Le riz, mais en quantité insuffisante pour la consommation ;

La soie ;

Le café ; des missionnaires portugais importèrent les premiers plants, il y a deux cents ans, et les cultivèrent dans des terrains élevés ; depuis, cet arbuste s'est reproduit sans culture et donne de nombreux et excellents produits ; il y aurait là, pour les Européens, une grande source de richesse ;

Le bétel et la noix d'arec ;

L'arachide, la canne à sucre, l'indigo, le tabac, le maïs, le thé, le poivre, la cannelle y réussissent fort bien, mais ne sont culti- vés que sur des espaces fort restreints.

Mines et carrières. — On trouve dans les montagnes des mines d'or, d'argent, de cuivre, de zinc, de fer et de charbon. Les exi- gences du fisc ont tué l'industrie minière et toutes les mines ont été abandonnées, le produit étant intégralement confisqué par le gouvernement annamite. Nous ne pouvons encore donner de renseignements exacts sur la richesse des minerais. L'Annam contient une grande quantité de carrières de marbre.

Forêts. — Les forêts situées dans la zone montagneuse restent inexploitées faute de voies de communication. Elles sont cepen- dant fort rapprochées de la mer et contiennent d'excellentes essences.

En résumé, d'immenses terrains fertiles restent incultes, les forêts et les mines ne sont pas exploitées et les habitants sont misérables en raison de la mauvaise administration de ce pays.

Industrie. — Commerce. — Navigation.

Industrie. — Il n'y en a pas d'autre que celle de la soie et en- core n'existe-t-il pas de grandes fabriques ; les tissus sont con- fectionnés dans les familles.

On trouve encore quelques presses pour l'huile d'arachides et des moulins à sucre, mais en petit nombre et l'outillage est des plus primitifs.

Commerce. — Le commerce est tout entier entre les mains des Chinois. Les statistiques coloniales donnant un chiffre unique pour l'Annam et le Tonkin, il y a lieu de se reporter au tableau de commerce qui figure au chapitre du Tonkin. Les ports ci-après sont aujourd'hui ouverts au commerce : Qui-Nhon, Tourane, Phaï-Fho, Quang-Ngai, Xuan-Day et Cam-Ranh.

Dans les importations figurent principalement les conserves alimentaires, la houille, les allumettes, la farine de froment, le coton filé, les cotonnades, les tissus de soie, l'opium, le riz et le thé.

Dans les exportations : le coton égrené, le cunao, la cannelle, l'huile à laquer, la soie grège et la soie dévidée.

Navigation. — Entre les différents ports de l'Annam il y a un assez grand mouvement de cabotage par jonques annamites et chinoises.

Situation monétaire. — Banques. — Budget. Conditions de l'existence.

L'unité monétaire en Annam est la ligature de cuivre contenant 600 sapèques ; la ligature de zinc, celle qui a cours au Tonkin, est également acceptée. La ligature de cuivre vaut à peu près quatre ligatures de zinc.

La piastre mexicaine est la monnaie du commerce étranger ; sa valeur est variable ; elle est en moyenne de 4 fr.

Banques. — Il n'en existe pas dans l'empire ; il est question d'établir à Hué et à Qui-Nhon une succursale de la banque d'Indo-Chine.

Le taux de l'argent n'est pas limité : on prétend qu'il y a des exemples de prêts à 12 0/0 par mois.

Budget. — On suppose que le budget de l'empire s'élève 8 millions de francs, mais on n'a aucune donnée précise à cet égard.

Conditions de l'existence. — Ce que nous avons dit des Annamites du Tonkin est applicable à ceux de l'Annam ; ces derniers paraissent cependant moins industrieux et moins habiles. Le genre de vie est le même, les mœurs sont identiques, la langue est la même ; le Tonkinois a plus d'initiative, plus d'indépendance dans le caractère. Le travailleur annamite gagne environ 0 fr. 40 par jour sans nourriture.

Il n'y a encore aucune place pour la main-d'œuvre européenne; mais nous sommes trop près des débuts de l'occupation pour qu'il soit possible de donner à ce sujet des indications utiles.

Climat. — Météorologie. — Hygiène.

Le climat de l'Annam est assez semblable à celui du Tonkin; cependant la saison fraîche est moins accentuée et la saison pluvieuse est mieux marquée.

Il tombe des quantités d'eau énormes en septembre, octobre et novembre ; ces pluies diluviennes sont souvent accompagnées d'orages et de typhons ; on a vu quelquefois tomber 15 centimètres d'eau en vingt-quatre heures.

La saison la plus malsaine est celle du commencement des grandes pluies (septembre) ; les chaleurs de l'été sont accablantes. Les hauteurs barométriques sont très instables ; la moyenne, à Hué, en 1882, a été 0,754. Le nombre des jours de pluie a été de 113 dans la même année.

Les prescriptions hygiéniques sont les mêmes qu'au Tonkin.

Routes et Travaux publics. — Instruction publique.

Il n'y a qu'une route dans l'empire d'Annam ; elle court du nord au sud, le long de la côte, de la Cochinchine au Tonkin, sur une longueur de 1.450 kilomètres. Sa largeur est variable : de 4 à 7 mètres ; elle est praticable aux charrettes sur presque tout son parcours.

Sur cette route viennent s'embrancher des chemins ruraux qui lui sont perpendiculaires ; ils dépassent rarement 2 mètres de largeur ; quelques-uns franchissent la grande chaîne de montagnes et pénètrent dans le pays des Moïs.

Les travaux publics les plus urgents seraient la construction et l'amélioration des routes, la réfection des ponts et les travaux des ports ; ils ne pourront être entrepris qu'après la constitution d'un budget régulier.

Instruction publique. — Comme au Tonkin, il n'y a pas d'enseignement officiel.

On trouve quelques écoles dans les villes.

Les missions catholiques françaises et espagnoles élèvent et instruisent un assez grand nombre d'enfants.

Postes. — Télégraphes. — Communications avec la métropole.

Le service de la poste est assuré en Annam par des courriers à cheval qui parcourent assez rapidement la route impériale du nord au sud. Les correspondances à l'extérieur se font par les paquebots qui, partant de Saïgon tous les quatorze jours, se rendent au Tonkin, en faisant relâche dans les ports annamites de Cam-Ranh, Qui-Nhon et Tourane. (Voir section du Tonkin.)

Télégraphes. — Un câble télégraphique sous-marin relie le cap Saint-Jacques à Haï-phong, avec atterrissement à Thuan-an (sur la rivière de Hué) ; un câble aérien relie Thuan-an, Hué et Tourane (108 kil.) ; et on procède au prolongement de ce câble au nord et au sud, afin de relier par terre le Tonkin avec la Cochinchine.

Les communications avec la métropole ont lieu par les paquebots faisant le service de Saïgon à Haï-Phong. (Voir section du Tonkin.)

LA COCHINCHINE

Géographie physique. — Limites. — Superficie. Nature et configuration du sol.

La Cochinchine est possession française, en vertu des traités des 5 juin 1862 et 15 mars 1874, passés avec l'empire d'Annam.

Cette colonie, qui comprend six provinces, a la forme d'un vaste quadrilatère, situé au sud-est de la presqu'île indo-chinoise; elle s'étend du 11e au 8e degré de latitude nord et du 105e au 102e de longitude est.

Sa superficie est de 60.000 kilomètres carrés (dix départements français).

Elle est bornée : au nord, par le territoire des tribus indépendantes Muongs; à l'est, par l'Annam; au sud et au sud-ouest, par la mer; à l'ouest et au nord-ouest par le Cambodge. Le sol est presque entièrement formé par les alluvions du Mé-Kong et du Don-Nai.

Il s'est produit dans le golfe de Siam ce qui se passe dans toutes les mers fermées ou presque fermées : les apports des fleuves forment des bancs et des barres que les marées ou les courants ne sont pas assez puissants pour enlever; ces bancs s'étendent le long de la côte, se joignent à elle et forment des lagunes qui se comblent plus ou moins vite ; le fleuve se crée, par la force de son courant, de nouvelles berges dans la lagune, continue ses apports et pousse plus loin dans la mer, où il arrive à former une nouvelle barre parallèle à la côte ; le phénomène se reproduit indéfiniment, et les terres des montagnes, effritées par le soleil, délayées par la pluie, entraînées par les torrents et par les fleuves, envahissent la mer et prolongent la terre ferme.

C'est ainsi que se sont créés le delta du Nil, celui du Rhône, ceux du Pô, du Danube, du Gange, du Mississipi, etc. Il résulte de ce que nous venons d'exposer que les deltas des fleuves sont des terres basses constituées par un sol très divisé, très riche en débris animaux et végétaux, mais très humides, semées de lacs et de marécages, inondées aux moindres crues.

Cette description est exactement celle de la Cochinchine, et il faut y ajouter que son territoire s'étant formé par les alluvions de deux fleuves, dont le débit est considérable et dont les embouchures sont rapprochées, il s'est produit une quantité extraordinaire de bouches et de canaux, de telle sorte qu'en Cochinchine on voit presque autant d'eau que de terre.

Des deux fleuves dont nous venons de parler, l'un, le Mé-Kong, prend sa source fort loin dans les montagnes du Thibet oriental, et l'autre, le Don-Nai, a un cours très limité ; il vient du pays des Moïs ou Muongs.

Le Mé-Kong, après avoir traversé le Yun-nan chinois, le Laos siamois et le Cambodge, pénètre en Cochinchine et se jette dans la mer par neuf embouchures ; plusieurs ont une dizaine de kilomètres de large ; malheureusement, elles sont barrées par des bancs de vase et de sable, et aucune d'elles n'est accessible aux bâtiments de tonnage moyen.

Le Don-Nai, dont le parcours ne dépasse pas 400 kilomètres, présente ce phénomène singulier que plusieurs de ses embouchures sont praticables aux plus grands bâtiments. Ce fleuve forme, avec la rivière de Saïgon, le Vaïco oriental et le Vaïco occidental, un système hydrographique très compliqué, très enchevêtré, et dont la description dépasserait les limites de ce traité. Il nous suffira de dire que le Vaïco oriental et le Vaïco occidental peuvent porter de grands navires jusqu'à 80 kil. dans l'intérieur, et que la rivière de Saïgon, affluent du Don-Nai, a 400 mètres de large et 10 mètres de profondeur à Saïgon, qui n'est pas à moins de 100 kil. dans les terres.

Description de la côte. — A partir des limites de l'Annam, nous trouvons successivement :

Le cap Baké ;

Le cap Saint-Jacques, très haut et très boisé. Sur son sommet est un phare de première classe, d'une portée de 50 kilomètres;

L'embouchure du Don-Nai, qui mène à Saïgon ;

La pointe de Cangio ;

L'embouchure du Don-Nai appelée Soirap ;

Les neuf embouchures du Mé-Kong, toutes obstruées par des barres ;

En face de la dernière bouche, et à 100 kil. des côtes, les îles Poulo-Condor, qui servent de point de reconnaissance à tous les bâtiments venant de Singapore ; leur superficie est de 6.000 hectares ; elles sont très boisées, et le sommet le plus élevé atteint 500 mètres ; nous y avons établi un pénitencier ;

Le cap Camau, à l'extrême sud de la Cochinchine, et qui sépare la mer de Chine du golfe de Siam ;

La baie de Rach-Gia, où débouche un canal donnant accès au Mé-Kong ;

La baie d'Ha-tien ; en face de cette baie se trouve la grande île de Phu-quoc, montagneuse, avec des pics de 600 mètres, très boisée et fertile, d'une superficie de 80.000 hectares.

Les villes principales de la Cochinchine sont :

Saïgon, capitale de la colonie, siège du gouvernement, sillonnée de canaux, percée de très belles rues ; port magnifique, bâtiments de l'administration, arsenal, chantiers et ateliers de la marine et de l'artillerie, jardin botanique, hôpital militaire, cathédrale, écoles ; 50.000 habitants ;

Cholon, centre du commerce chinois, à 6 kil. de Saïgon, avec laquelle elle communique par une voie ferrée, par deux belles routes et par un canal praticable aux barques et aux jonques; grand commerce de riz ; 80.000 habitants ;

Bienhoa sur le Don-naï ; 5.000 habitants ;

My-tho, sur une des branches du Mé-Kong, communique avec Saïgon par des canaux, un chemin de fer et une bonne route; ville très commerçante ; 8.000 habitants ;

Vinh-long, sur le Mé-Kong ; 5.000 habitants.

Chaudoc, sur le bras postérieur du Mé-Kong, près de la frontière du Cambodge ; marché important ; 5.000 habitants.

Ha-tien, sur la mer et à la frontière du Cambodge ; 3.000 hab.

Population, Races indigènes. — Religion.

La population de la Cochinchine est de 1.800.000 habitants
environ ; jusqu'à présent les recensements n'ont pu donner qu'un
chiffre approximatif.

Cette population se compose ainsi qu'il suit :

Annamites	1.580.000
Chinois	70.000
Cambodgiens	133.000
Moïs, Laotiens, Chams	10.000
Européens	2.500
Divers (Malais, Tagals, Siamois, etc.)	4.500
Total	1.800.000

On a pu constater que la population va toujours en augmentant,
depuis l'occupation française. Nous avons donné dans le chapitre
du Tonkin les caractères essentiels de la race annamite, nous ne
les reproduirons pas. Le Tonkin paraît être, d'après les légendes,
le berceau de cette race qui, peu à peu, est descendue du nord
au sud. L'Annamite de la Cochinchine a les mêmes caractères
physiques ; au moral il est humain, soumis, sobre, gai, travailleur ; une longue oppression l'a rendu méfiant et dissimulé.

Nous n'avons pas à nous étendre sur les défauts et sur les
qualités de la race chinoise ; elle est certainement plus éner-
gique que la race annamite du sud. Du mélange de ces deux
races sont issus des métis appelés Mings-Huongs, assez peu nombreux et qui tiennent plus du chinois que de l'annamite.

Les Cambodgiens sont essentiellement agriculteurs ; nous parlerons d'eux plus au long au chapitre du Cambodge. Les Européens, au nombre de 2.500, habitent presque tous Saïgon.

On commence à compter un certain nombre de métis français-
annamites ; l'avenir nous apprendra la valeur de ces croisements.

Religion. — La religion est la même qu'au Tonkin ; elle consiste surtout en préceptes moraux sans objet direct de culte ; les idées de divinité et d'immortalité de l'âme ne sont que très vague-ment formulées.

Les missions catholiques sont nombreuses, très actives et déter-minent beaucoup de conversions.

Productions du sol. — Mines. — Forêts.

La Cochinchine est essentiellement un pays producteur de riz ; la configuration du sol, l'immense quantité d'arroyos qui l'enlacent et rendent praticables les inondations, artificielles, la chaleur du climat, les traditions religieuses, la proximité des pays de grande consommation, tout concourt à pousser l'anna-mite à la culture du riz à l'exclusion des autres.

On peut donc dire de la Cochinchine qu'elle fait du riz et pres-que rien que du riz.

Riz. — Cette plante appartient à la famille des graminées ; elle est annuelle et ne pousse bien que dans les sols humides. La terre aplanie est entourée de talus d'un mètre de haut : elle est labourée par la petite charrue chinoise et le grain y est semé à la volée ; quelques jours après les semailles, les vannes sont ouvertes, l'eau chargée de détritus organiques envahit le sol ; on l'y laisse quelques jours puis on la fait écouler ; quelquefois la plante pousse là où elle a été semée, le plus souvent on la repi-que. La récolte se fait 4 ou 5 mois après.

Le grain entouré de ses glumes porte le nom de paddy, il porte le nom de riz après le décorticage.

On distingue : les riz hâtifs récoltés en novembre, les riz tardifs récoltés en février, les riz gluants servant à la fabrication de l'alcool de riz et substitués à l'orge en Cochinchine pour celle de la bière.

Dans les bons terrains et dans les bonnes années on peut obtenir 3.000 kil. de riz décortiqué à l'hectare.

On compte en Cochinchine 750.000 hectares cultivés en riz

et produisant environ 1.500.000 tonnes, soit en moyenne 2.000 kil. à l'hectare. Malheureusement le riz de Cochinchine est mal récolté, mal décortiqué et mal emballé. Sa valeur est d'un quart au-dessous de celle des riz de l'Inde et de Birmanie, quoiqu'il soit tout aussi nourrissant.

Les prix sont très variables; l'abondance et la qualité de la récolte, surtout les demandes de la Chine, établissent les cours. On peut admettre une moyenne de 160 fr. la tonne.

Il en a été exporté en 1886 pour une valeur de 50 millions de francs.

Coton. — Le sol est très favorable à la culture du coton, mais ce produit paraît délaissé : la quantité exportée ne dépasse pas une valeur de 5 à 600.000 fr.

Soie. — On en fait très peu en Cochinchine quoique le pays se prête très bien à la culture du mûrier et à l'élevage des vers.

Nous ne citerons que pour mémoire les autres produits : cocos, noix d'arec, poivre, tabacs, gommes, coprah; ils ne donnent lieu qu'à des transactions insignifiantes.

On trouve en Cochinchine une race de chevaux très petits, mais agiles et résistants; il y a fort peu de moutons; beaucoup de buffles domestiques, mais pas beaucoup de bœufs; les vaches sont mauvaises laitières; elles donnent à peine un litre de lait par jour. On a importé des chèvres qui réussissent bien et seront plus tard une grande ressource.

Il y a des troupeaux de buffles sauvages, des éléphants, des rhinocéros et beaucoup de tigres.

En 1880, il a été réclamé 48 primes pour destruction de tigres.

Forêts. — Dans le nord-est de la Cochinchine, les forêts occupent une superficie d'un million d'hectares; l'absence de routes rend leur exploitation fort difficile.

Mines et Carrières. — Le sol de la Cochinchine étant un terrain alluvionnaire, on n'y trouve aucune mine.

À Bien-Hoa il y a des carrières de granit et à Ha-Tien quelques mamelons calcaires.

Industrie. — Commerce. — Navigation.

Il n'y a pas de fabrications indigènes en dehors des petites industries répondant aux premiers besoins de la vie, telles que : poteries, vanneries, forges, tanneries, fours à chaux, briqueteries, etc... Aucun de ces produits n'est exporté.

Les Européens ont établi des usines importantes :

Quatre décortiqueries de riz ;

Une brasserie de riz à Saïgon ;

Deux usines à glace ;

Deux savonneries ;

Une filature de soie ;

Des scieries ;

Une usine pour égrenage du coton.

Les essais d'indigoteries n'ont pas réussi.

Commerce. — Ainsi que nous l'avons dit plus haut, le riz est le seul article d'exportation de la Cochinchine ; les autres marchandises qui figurent dans le tableau des exportations que nous donnons plus loin viennent pour la plupart du Cambodge par les canaux. Elles sont centralisées à Cholon et à Saïgon et de là envoyées au Tonkin, à Hong-Kong ou à Singapore ; mais ce ne sont pas des produits du pays.

C'est par les magasins de Cholon que passent les 4 ou 500.000 tonnes de riz destinées à l'exportation ; c'est là que ces riz sont préparés et mis en sac pour être envoyés à Saïgon par jonques ou chalands.

Tous les villages de Cochinchine sont situés sur des canaux ; les propriétaires de rizières apportent leur récolte au village ; ils trouvent là des marchands chinois venus avec de grandes barques qui débattent les prix, enlèvent la récolte et la portent à Cholon. C'est donc à Cholon que les négociants européens achètent le riz d'exportation pour l'Europe ou les grands négociants chinois pour Hong-Kong. Mais les quatre cinquièmes de ce produit vont en Chine, d'abord parce que ce riz est de qualité inférieure et ensuite parce que le fret pour la Chine est à peine le quart de ce qu'il est pour l'Europe.

En résumé, 80 0/0 du commerce d'exportation est fait par les Chinois et 20 0/0 par les Européens.

A l'importation, notre situation est meilleure ; le commerce européen arrive à 50 0/0 dont moitié pour la France.

Les principaux articles d'importation sont :

Les cotonnades (anglaises pour les 9/10) ;

Fers en barres (presque tous belges) ;

Fers ouvrés, machines et ferronnerie (produits français) ;

Comestibles et boissons (produits français) ;

Epicérie   id.   id. ;

Charbon de terre (1/3 français, 1/3 anglais, 1/3 australien) ;

Papeterie (venant de Chine) ; cet article est de fabrication spéciale ;

Thé (venant de Chine) ;

Soieries (venant de Chine et d'Annam).

Tableau du Commerce de la Cochinchine en 1887.

1º COMMERCE ENTRE LA FRANCE ET LA COCHINCHINE

Importations de France dans la colonie.............. 15.180.545 fr. }
Exportations de la colonie en France................ 1.197.499 } 16.378.044 fr.

2º COMMERCE DE LA COCHINCHINE
AVEC LES AUTRES COLONIES ET PÊCHERIES FRANÇAISES

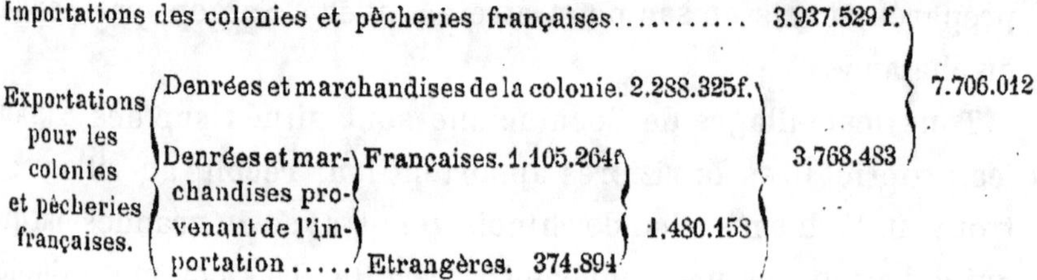

Importations des colonies et pêcheries françaises........... 3.937.529 f.

Exportations pour les colonies et pêcheries françaises.
- Denrées et marchandises de la colonie. 2.288.325f. } 7.706.012
- Denrées et marchandises provenant de l'importation :
  - Françaises. 1.105.264f } 3.768.483
  - Etrangères. 374.894 } 1.480.158

3° COMMERCE DE LA COCHINCHINE AVEC L'ÉTRANGER

```
                    ( Des entrepôts
Importations (  Par (   de France.  486.476 )
  en mar-    ( navires(                          ) 8.831.343f )
  chandises  ( français(De l'étranger directe-   )            ) 37.306.714f.
  étrangères.(         ( ment.... 8.344.867 fr.  )            )             )
             ( Par navires étrangers............. 28.475.371 )             ) 99.116.833
                                                                          )
             ( Denrées et marchandises de la colonie. 59.431.056 )
Exportations (                                                  ) 61.810.119 )
   pour      ( Denrées, mar-( Franç.. 235.969 f. )
  l'étranger.( chandises pro-(                    ) 2.379.063 )
             ( venant de l'im-(                   )
             ( portation.....( Etrang. 2.143.094 )

                      TOTAL GÉNÉRAL.................... 123.200.889
```

Nous donnons ici le détail des importations et des exportations pendant le 2ᵉ semestre 1887. — Ces chiffres ont été établis par l'administration des douanes, installée depuis le 1ᵉʳ juillet 1887, et offrent seuls une garantie d'exactitude. Ceux qui concernent le 1ᵉʳ semestre ont été relevés par la Chambre de commerce et sans contrôle.

IMPORTATIONS		EXPORTATIONS	
Animaux vivants.......	19.219f	Animaux vivants.......	120.810f
Produits et dépouilles d'animaux...........	143.863	Produits et dépouilles d'animaux	888.616
Pêches...............	85.991	Pêches...............	1.140.501
Matières dures à tailler.	11.878	Matières dures à tailler.	54.349
Substances animales brutes.................	"	Farineux alimentaires..	21.008.163
Farineux alimentaires..	322.874	Fruits et graines.......	527.531
Fruits et graines.......	299.964	Denrées coloniales de consommation.......	110.836
Denrées coloniales de consommation.......	819.629	Huiles et sucs végétaux.	74.607
Huiles et sucs végétaux.	192.577	Bois.................	91.965
Espèces médicinales....	6.426	Filaments, tiges, fruits à ouvrer.............	317.685
Bois.................	5.629	Pierres, terres, combustibles minéraux.......	2.654
Filaments, fruits, tiges à ouvrer.............	17.390		
Teintures et tanins.....	43.083		
Produits et déchets divers	116.467		
Pierres, terres et combustibles minéraux......	32.893		
A reporter......	2.117.383	A reporter.....	24.337.717

IMPORTATIONS		EXPORTATIONS	
Report........	2.117.383f	Report........	24.337.717f
Métaux................	750.378	Métaux..............	52.520
Produits chimiques.....	30.212	Compositions diverses..	88.804
Compositions diverses..	436.169	Couleurs..............	5.397
Teintures préparées....	69.759	Boissons..............	81.598
Couleurs.............	30.939	Poteries..............	2.806
Boissons.............	71.591	Verres et cristaux......	907
Poteries.............	243.031	Fils................	2.045
Verres et cristaux......	40.164	Tissus de coton........	61.632
Fils.................	106.739	Tissus de soie.........	175.251
Tissus...............	2.845.842	Papier et ses applications	57.224
Papier et ses applications	525.469	Peaux et pelleteries ou-	
Peaux et pelleteries ou-		vrées..............	313.604
vrées..............	43.793	Ouvrages en métaux....	5.055.845
Ouvrages en métaux....	331.623	Armes, poudres et muni-	
Armes, poudres, muni-		tions...............	2.468
tions...............	221.652	Meubles..............	6.790
Meubles..............	68.275	Ouvrages de vannerie,	
Ouvrages en bois.......	190.281	sparterie, etc.........	17.060
Instruments de musique.	3.006	Ouvrages en matières di-	
Ouvrages de sparterie,		verses..............	45.131
vannerie et corderie..	174.664		
Ouvrages en matières di-			
verses..............	463.172		
Opium importé par le			
gouvernemeut........	107 1.177		
Pétrole emmagasiné par			
le gouvernement.....	2.102.427		
Totaux.........	15.392.945	Totaux.......	30.306.789

Tableau de la navigation en 1887.

Entrées.	186 bâtiments français jaugeant.. . . .	252.892 T
	325 bâtiments étrangers id.	369.986 T
Sorties.	187 bâtiments français id.	256.197 T
	324 bâtiments étrangers id.	350.915 T
Prix du fret.	Pour l'Europe.	45 fr. la tonne.
	Pour la Chine.	8 fr. la tonne.

Le long des côtes de la Cochinchine, il y a un très grand mouvement de cabotage par barques siamoises, cambodgiennes, tonkinoises et chinoises. Le tableau ci-dessus ne comprend pas ces petits bâtiments.

En outre, sur les rivières et sur les canaux il y a une quantité innombrable de barques, de jonques et de chalands ; tout le commerce intérieur se fait par voie fluviale.

Situation monétaire. — Banques. — Budget. Conditions de l'existence.

Il y a beaucoup d'argent en circulation et la situation monétaire est très satisfaisante. Nous avons dû adopter pour unité monétaire la piastre mexicaine qui est en usage dans presque tous les ports de l'Extrême Orient. On a essayé, mais en vain, d'introduire le dollar américain ou la pièce de 5 fr. ; ces deux types de monnaies n'ont pas pu pénétrer dans la circulation.

Les monnaies divisionnaires sont dérivées de la piastre : 50 centièmes, 20 centièmes, 10 centièmes, 1 centième ; elles sont frappées en France. (Nous avons dit plus haut que la valeur moyenne de la piastre est de 4 fr.)

Banques. — Quatre banques sont établies en Cochinchine :
1° La Banque d'Indo-Chine ;
2° Trois banques anglo-chinoises.

Les opérations de la Banque d'Indo-Chine consistent en : traites sur la France, l'Angleterre, Hong-Kong et Singapore ; escomptes d'effets de place, avances sur traites, sur comptes courants, sur titres, sur nantissements et sur récoltes ; remises sur places d'Europe et de Chine. Le total de ses opérations en 1884 a dépassé 65 millions de francs.

La Banque émet des billets de 5, 20 et 100 piastres ; le total de ses billets en circulation était, au 20 septembre 1884, de 4.615.000 piastres.

Le taux de l'intérêt n'est pas limité en Cochinchine ; il varie de 9 à 12 0/0 en matière commerciale, et par l'intermédiaire des banques ; mais, à côté d'elles, les Chinois et les Chettys (banquiers indiens) font des opérations de prêts sur gages et sur signature ; les taux de 3 et 4 0/0 par mois sont fréquents; c'est la ruine du petit agriculteur annamite.

Budget. — Le budget de la colonie, en 1886, se soldait par 23.600.000 fr. en recettes et dépenses, sans contribution de l'Etat; la colonie paie même à la France un contingent annuel de 2.200.000 fr. Le budget de la ville de Saïgon, dans la même année, était de 300.000 fr.

Conditions de l'existence. — A Saïgon et à Cholon, l'ouvrier annamite, maçon, charpentier, menuisier, forgeron, gagne une demi-piastre par jour (de 1 fr. 50 à 2 fr.), sans nourriture. Dans les campagnes, le salaire du journalier est excessivement réduit : il atteint à peine 50 centimes.

L'immigration chinoise suit une marche ascendante ; le Chinois est plus actif et plus laborieux que l'Annamite ; il donne une grande somme de travail, mais, après fortune faite, il rentre dans son pays en emportant ses économies. Bien que le Chinois soit un auxiliaire très précieux dans les pays qui possèdent beaucoup de richesses inexploitées et une population trop indolente pour en tirer parti, il est un danger pour le travailleur européen, qui a infiniment plus de besoins que lui, et pour l'Annamite lui-même, quoiqu'il puisse aider beaucoup aux débuts d'une colonisation.

La population européenne en Cochinchine ne dépasse pas 2.500 âmes, dont les trois quarts Français.

L'immigration européenne n'a aucune place à se faire dans l'agriculture ; elle en peut trouver dans l'industrie, les travaux de construction des ports, docks, chemins de fer, etc. ; les usines de décorticage ou de distillerie de riz peuvent assurer largement l'existence de bons ouvriers ou contremaîtres européens.

Le rôle de l'Européen doit se borner à l'instruction ou à la direction de l'Annamite ; ce dernier est docile, intelligent, et on peut en tirer un bon parti.

Un bon contremaître gagne à Saïgon 100 piastres par mois ; sa nourriture et son logement absorbent 40 piastres : il peut donc faire des économies, si sa santé lui permet un assez long séjour dans la colonie.

Dans le petit commerce, il y a peu de chose à tenter, à cause de la concurrence chinoise. Le grand commerce demande des capitaux assez considérables, et une grande connaissance des marchés de l'Extrême Orient : Calcutta, Rangoon, Moulmein, Singapore, Hong-Kong, etc.

Climat. — Météorologie. — Hygiène.

La Cochinchine a un régime de vents constants ; ils soufflent du nord-est d'avril en octobre, et du sud-ouest de novembre à mars. La première période est étouffante de chaleur et très pluvieuse, avec de violents orages ; la seconde est beaucoup plus fraîche et plus sèche. Le baromètre oscille entre 0,755 et 0,770.

Les marées sont régulières ; la mer marne au maximum de 4 mètres.

Les règles d'hygiène sont les mêmes que pour le Tonkin et pour l'Annam ; nous n'avons rien à y ajouter.

Routes et Travaux publics. — Instruction publique.

Les voies de communication en Cochinchine sont de deux natures : les voies fluviales et les voies terrestres ; les premières sont beaucoup plus importantes.

Les principales voies fluviales sont :

Le Don-Naï,

La rivière de Saïgon,

Le Vaïco oriental,

Le Vaïco occidental,

Le Mé-Kong et ses neuf embouchures.

Entre toutes ces voies naturelles se trouvent une quantité infinie de canaux ou d'arroyos qui établissent des communications transversales ; leur largeur et leur profondeur sont très variables ; ils subissent tous l'influence de la marée, c'est-à-dire que leur navigabilité est intermittente.

Les principaux de ces arroyos sont :

, L'arroyo Chinois, qui fait communiquer Saïgon et Mytho, en passant par Cholon ;

Le Rach Cap, très large et très profond (4 mètres en basse mer) ;

L'arroyo de la Poste, entre Mytho et Tan-an ;

Le Rach Bentré, large de 75 mètres et profond de 5 ;

Le Mang-Thit, entre deux branches du Mé-Kong ;

Le Rach Gia, entre la mer et la dernière branche du Mé-Kong.

Nous ne poursuivrons pas plus loin cette énumération ; il nous suffira de dire que presque toutes les denrées prennent la voie fluviale. Malheureusement, beaucoup d'arroyos sont trop étroits et trop peu profonds ; en outre, les courants et les contre-courants y ont formé des bancs ou dos d'âne qui interceptent la circulation en basse-mer.

Les voies terrestres sont classées en deux catégories :

Routes coloniales (939 kilomètres),

Routes d'arrondissement (2.059 kil.).

Il existe, en outre, un très grand nombre de chemins ruraux.

La mise en bonne viabilité de toutes les routes coloniales et d'arrondissement réclamerait une somme de 50 millions de francs ; les travaux s'exécutent au fur et à mesure des ressources.

Un chemin de fer à voie étroite part de Saïgon, passe à Cholon et aboutit à Mytho ; sa longueur est de 60 kilomètres.

Une somme de 60 millions de francs a été consacrée aux travaux publics en Cochinchine de 1864 à 1884 ; tous les ans, des sommes importantes ont été allouées, par l'Etat ou par le budget colonial, pour les travaux les plus urgents ; c'est là une œuvre de longue haleine.

Voici l'énumération des travaux projetés :

Travaux du port de Saïgon, quais, appontements, gare maritime, corps morts, balisage, etc. ;

Mise en viabilité des routes et chemins ;

Construction de ponts et ponceaux ;

Elargissement et approfondissement des arroyos et canaux.

Instruction publique. — Une somme de 620.000 fr. est affectée au service de l'instruction publique. Des écoles ont été ouvertes dans les centres les plus importants, et un grand nombre d'enfants des deux sexes commencent à parler notre langue. Les Missions concourent aussi dans une large mesure à l'éducation et à l'instruction des indigènes ; elles sont pour nous des auxiliaires très précieux.

Postes. — Télégraphes. — Communications avec la métropole.

Le service des postes se fait actuellement de la façon la plus régulière ; il a été réuni à celui des télégraphes en 1882.

Entre Saïgon, les chefs-lieux d'arrondissement et les principaux centres, les correspondances sont transportées par les bateaux des Messageries fluviales. En outre, trois diligences desservent les provinces de l'Est, où il n'y a pas de canaux. Des piétons desservent les villages.

Un grand nombre de lignes télégraphiques ont été établies, et on compte 25 bureaux télégraphiques dans la colonie. La longueur des fils atteint 3.000 kilomètres.

Saïgon est en communication télégraphique avec Pnom-Penh, capitale du Cambodge ; avec Bangkok, capitale du royaume de Siam. Trois câbles sous-marins relient Saïgon avec Singapore, Hong-Kong, l'Annam et le Tonkin.

La taxe avec la France est de 5 fr. 75 par mot.

Communications avec la métropole. — Les bâtiments des Messageries maritimes partent de Marseille tous les quatorze jours, et arrivent à Saïgon au bout de quatre semaines, après avoir touché Alexandrie, Port-Saïd, Aden, Colombo et Singapore. De Saïgon, ils vont à Hong-Kong, Shang-Haï et au Japon. Tous les quatorze jours, ils reviennent à Saïgon et, de là, en France.

	1re classe.................	1.675 fr.
PRIX DU PASSAGE :	2e —	1.040
	3e —	600

Des vapeurs coloniaux partent tous les quatorze jours de Saïgon pour l'Annam et le Tonkin.

Un départ de Saïgon pour Manille (Philippines) a lieu tous les vingt-huit jours.

Tous les vingt jours, un vapeur va de Saïgon à Bang-Kok.

Enfin, un service relie Saïgon et Singapore en correspondance, tous les quatorze jours, avec l'arrivée du paquebot de la malle anglaise à Singapore.

CAMBODGE

Géographie physique. — Limites. — Superficie.
Nature et configuration du sol.

Le protectorat de la France sur le royaume de Cambodge s'exerce en vertu des traités passés avec cet Etat les 11 avril 1863 et 17 juin 1884.

Le Cambodge est compris entre le 10e et le 13e degré de latitude nord, et le 101e et le 104e degré de longitude est.

Sa superficie est d'environ 100.000 kilomètres carrés, le cinquième de la France. Ses limites politiques sont : au nord-ouest et au nord, le royaume de Siam ; à l'est, l'Annam ; au sud-est, la Cochinchine ; et au sud-ouest, le golfe de Siam.

Le territoire du Cambodge est constitué par le cours inférieur du Mé-Kong, moins les embouchures, qui appartiennent à la Cochinchine. Un tiers du pays est sur la rive gauche du Mé-Kong, et les deux autres tiers sur la rive droite.

Ce grand fleuve, qui descend des montagnes du Thibet oriental, et coule du nord au sud, se jette dans la mer par neuf embouchures, ainsi que nous l'avons dit au chapitre de la Cochinchine ; mais il présente ce phénomène remarquable, que, dans la saison des pluies, une partie de ses eaux, au lieu de s'écouler dans la mer, se dirige dans l'intérieur et vient remplir une immense dépression appelée le Toulé-Sap (ou Grand-Lac), et quand les pluies viennent à cesser, le Toulé-Sap rend les eaux au fleuve et se vide presque entièrement ; il faut donc le considérer comme un réservoir qui absorbe le trop plein des crues.

Le Toulé-Sap a une superficie de 200.000 hectares ; au moment des crues, sa profondeur est de 10 mètres ; ses bords sont très marécageux.

Le nord et l'est du Cambodge sont constitués par des contrées assez accidentées et couvertes de forêts de haute futaie ; ces contrées sont presque inhabitées.

Le centre du pays comprend des terrains peu élevés, inondés chaque année par les eaux du Mé-Kong, très fertiles et très peuplés.

Au sud se trouvent des fonds humides, marécageux, insalubres ; aucune culture n'y est actuellement possible. Nous disons « actuellement », parce que le Mé-Kong apporte tous les ans de telles quantités de vase, que le sol s'exhausse rapidement, et l'on cite à l'embouchure du Kampot une vaste étendue couverte de palétuviers qui sera bientôt transformée en rizières, et que les indigènes sillonnaient de leurs barques il y a moins de vingt ans.

Les côtes du Cambodge sont presque partout basses et dépourvues de rades ; on y trouve quelques petits ports, mais accessibles seulement à des barques ou jonques de faible tonnage.

Les villes principales sont :

Pnom-Penh, capitale du royaume et résidence du roi, siège du résident général français, 35.000 habitants, située sur le Mé-Kong, dans une plaine très basse et très humide ; belles pagodes, belles et larges rues le long du fleuve ;

Bati, remarquable par les ruines gigantesques d'un temple antérieur de dix siècles à l'ère chrétienne ;

Kampot, petit port de 4.000 habitants, centre du commerce du poivre ;

Oudong, 6.000 habitants, ancienne capitale du royaume, entourée de fort belles pagodes, considérée comme ville sacrée.

Population. — Races indigènes. — Religion.

La population du Cambodge est d'environ un million d'habitants, dont 50.000 Annamites, 25.000 Chinois et 300 Européens.

Le fond de la population appartient à la race Khmer, très puissante il y a plusieurs siècles ; les Khmers ont possédé presque toute l'Indo-Chine, et y ont laissé des traces d'une civilisation très avancée. Les ruines d'Angkor et celles de Bati sont comparables à celles de l'ancienne Egypte, et elles datent d'au moins dix siècles avant l'ère chrétienne. On ignore par suite de quelles révolutions les Khmers ont été peu à peu refoulés et réduits au territoire actuel du Cambodge.

Le Cambodgien est grand, robuste, doux et docile ; il est très apathique, mais très honnête ; et quand il veut travailler, c'est un bien meilleur ouvrier que le Chinois ou l'Annamite. Son indolence tient surtout à l'état social dans lequel il vivait ; tout, absolument tout ce qu'il produisait, en dehors de ses besoins les plus impérieux, lui était enlevé par des impôts arbitraires.

Le roi était seul possesseur du sol ; il le concédait pour un temps plus ou moins long, se réservant toujours la faculté de le reprendre quand il lui plairait. Aussi, quand un Cambodgien améliorait sa terre, elle lui était enlevée par un mandarin.

Le traité du 17 juin 1884 et la décision du 28 octobre de la même année ont modifié cette déplorable situation, et actuellement la propriété individuelle commence à se constituer sous la garantie et l'autorité du protectorat français.

Religion. — Il est très difficile de définir le culte religieux des Cambodgiens : il ressemble beaucoup à celui de l'Annam et de la Cochinchine ; mais le culte généralement adopté est le bouddhisme ; on voit dans le pays un grand nombre de pagodes avec un clergé nombreux et puissant ; les prêtres portent le nom de bonzes ; ils ont sur la population une grande autorité morale et voient notre domination d'un fort mauvais œil.

Les Missions catholiques ont pénétré dans le Cambodge et commencent à déterminer d'assez nombreuses conversions.

Productions du sol. — Mines. — Forêts.

Le Cambodge a des produits plus variés que la Cochinchine ; cela tient à la nature de son sol, qui est plus accidenté et qui n'est pas uniquement constitué par des alluvions.

Les principales productions sont :

Le coton, le tabac, le café, l'indigo, la cardamome, le sucre de palmier, les haricots, la soie, le poivre, le riz, la gomme gutte, la gomme laque.

Les terrains qui bordent le Mé-Kong sont très riches, mais ils ne produisent pas le dixième de ce qu'ils devraient donner. L'établissement de voies de communication, une meilleure administration, la sécurité dans la possession du sol et de ses productions, l'introduction des capitaux ne tarderont pas à augmenter dans une proportion énorme les produits de l'agriculture.

Mines. — On trouve dans les montagnes quelques minerais de fer exploitables ; il y a des carrières de kaolin dans le Haut-Mé-Kong, et des gisements de calcaires et de salpêtre dans la province de Kampot.

Forêts. — Il existe de très grandes forêts dans le Cambodge, et d'essences très variées. L'absence de routes en rend l'exploitation fort difficile ; cependant, dans l'état actuel, le gouvernement cambodgien perçoit de ce chef une contribution de 100.000 francs par an.

Industrie. — Commerce. — Navigation.

Le Cambodgien n'est ni commerçant ni industriel ; il est agriculteur et pêcheur.

La fabrication des alcools de riz, très primitive, est faite par les Chinois. On trouve quelques briqueteries, des fours à chaux, de petites indigoteries et des fabriques de nattes.

La pêche constitue un des principaux produits du Cambodge ;

dans les arroyos, dans les petits lacs intérieurs, dans les lagunes et surtout dans le Toulé-Sap, on prend des quantités énormes de poissons. Une partie est salée et séchée au soleil ; l'autre sert à fabriquer le nuocmam, condiment huileux servant à la nourriture des indigènes.

Commerce. — On n'est pas exactement fixé sur la valeur des importations du Cambodge ; le mouvement a, en effet, lieu par la Cochinchine avec laquelle le Cambodge forme une union douanière : aucune barrière intérieure ne permet donc d'en constater l'importance.

Les principaux articles d'importation sont :

Le sel, le sucre raffiné, le papier, l'opium, les tissus, les farines, le thé.

Les principaux articles d'exportation sont :

Le poisson, pour plus de 3 millions de francs ; le coton égrené, les haricots, la cardamome, les nattes, le sucre de palmier, la gomme gutte, la gomme laque et le poivre, dont on exporte plus de 500 tonnes.

Toutes ces productions peuvent prendre un plus grand développement : il manquait au Cambodge de la sécurité ; il la possède actuellement ; il ne lui faut plus que des capitaux.

Navigation. — On ne trouve au Cambodge que très peu de ports, et encore ne peuvent-ils recevoir que des jonques ou des barques de faible tonnage.

Tout le commerce intérieur se fait par le Mé-Kong ; malheureusement, ce fleuve a des rapides au nord et des envasements au sud ; la hauteur de ses eaux varie énormément avec les crues, et aucune canalisation n'y a été faite. La navigation fluviale est donc intermittente et ne peut se faire qu'avec des barques d'un faible tirant d'eau.

Situation monétaire. — Banques. — Budget.
Conditions de l'existence.

Aucune monnaie d'or ne circule au Cambodge.

Le vien ou barre d'argent de 385 grammes est la monnaie la plus estimée et la véritable unité monétaire.

Le vien vaut environ 15 piastres ou 60 francs. La piastre mexicaine de 4 fr. est acceptée partout.

Les monnaies divisionnaires de Cochinchine se répandent de plus en plus.

Les sapèques annamites sont la monnaie de billon en usage chez les indigènes.

Banques. — Il y a deux banques à Pnom-Penh ; le taux de l'argent n'est pas limité ; il est encore plus élevé qu'en Cochinchine et atteint parfois le taux exorbitant de 50 0/0 l'an.

Budget. — Le budget ne s'élève actuellement qu'à 500.000 piastres en raison de la mauvaise administration du pays ; on prévoit dès aujourd'hui qu'avec une meilleure assiette de l'impôt et une perception plus régulière il atteindra facilement le double de cette somme.

Conditions de l'existence. — Le Cambodgien vit de la façon la plus misérable ; sa journée de travail vaut de 0 fr. 50 à 0 fr. 80 par jour, sans nourriture. Il vit de riz et de poisson, et habite dans des paillottes.

Le nombre des européens dans le Cambodge ne dépasse pas 300 ; ils habitent presque tous Pnom-Penh. De nouveaux comptoirs se créent tous les jours ; le pays est neuf et a beaucoup d'avenir, mais là comme partout les chances sont pour ceux qui ont une connaissance approfondie du pays, des mœurs des habitants et de leurs besoins. Il faut en outre des capitaux, le taux de l'argent étant trop élevé pour qu'on puisse entreprendre des opérations à terme.

Climat. — Météorologie. — Hygiène.

Le climat du Cambodge a la plus grande analogie avec celui de la Cochinchine ; nous ne reproduirons donc pas les détails que nous avons donnés plus haut. Cependant la saison fraîche est plus accentuée ; de novembre à mars la moyenne ne dépasse pas 18 à 20 degrés et les nuits sont agréables. En mai, juin et octobre les orages sont fréquents et terribles.

Les marées sont très peu accentuées et ne dépassent pas 1^m.

Le baromètre oscille autour de 0^m 755.

La durée des jours, sensiblement la même pendant toute l'année, est de 13 à 14 heures.

Les régles d'hygiène sont les mêmes qu'en Cochinchine.

Routes et travaux publics. — Instruction publique.

Les routes sont dans un état déplorable. Le prédécesseur du roi actuel en avait établi quelques-unes qui ont été ruinées par les inondations et n'ont pas été refaites. Tout est à créer comme voies de communication terrestres ; les premiers excédents budgétaires seront appliqués à cet objet et il n'y aura pas de dépenses plus profitables à ce pays et mieux employées pour développer ses richesses naturelles.

Il n'existe au Cambodge aucun canal creusé de main d'homme et le fleuve est la seule voie livrée à la navigation ; malheureusement il n'est pas partout praticable.

En toute saison le Mé-Kong est navigable de Pnom-Penh à Kratié extrême limite nord ; le bras du Chaudoc est presque à sec pendant les trois quarts de l'année ; le bras du Toulé-Sap et le lac lui-même ne sont navigables que pendant la saison des pluies.

Il y a donc de grandes dépenses à faire pour creuser des canaux, pour draguer les baies qui obstruent les fleuves et assurer en toute saison les communications fluviales.

Instruction publique. — Elle n'existe pas ; tout est à faire.

Les Missions catholiques, encore peu nombreuses, commencent à réunir quelques enfants et à leur enseigner le français.

Postes. — Télégraphes. — Communications avec la métropole.

Postes. — Les bateaux de la Compagnie des Messageries fluviales de Cochinchine partent deux fois par semaine de Saïgon, passent par Mytho, Vinh-Long, Sadec, Vinh-Loï, Banam et arrivent à Pnom-Penh après un voyage de 48 heures. Il existe un bureau de poste dans chacune de ces relâches.

Pendant la saison des crues, un bateau va toutes les semaines jusqu'à Battembang (royaume de Siam), à l'extrémité du grand lac.

Un autre bateau va de Pnom-Penh à Kratié en desservant les points intermédiaires. Les villes d'Oudong, de Pursah et de Kampot sont également desservies, mais par des piétons.

Tous les points mentionnés ci-dessus sont reliés à Pnom-Penh par des fils télégraphiques.

Les communications avec la France ne peuvent avoir lieu que par les Messageries fluviales qui aboutissent à Saïgon et ensuite par les paquebots partant de Saïgon. Nous avons donné plus haut (chapitre de la Cochinchine) le tableau des départs et arrivées des paquebots ; il est inutile de le reproduire ici.

NOUVELLE-CALÉDONIE ET DÉPENDANCES

Géographie physique. — Limites. — Superficie. Nature et configuration du sol.

La Nouvelle-Calédonie, découverte par Cook en 1774, a été occupée par la France en 1853.

La Nouvelle-Calédonie est une des îles les plus considérables de l'Océan Pacifique ; elle s'étend du N.-O. au S.-E. entre les 20° et 22° 30' de Lat. S. et les 161° et 165° de Long. E. ; sa longueur est de 440 kil. et sa plus grande largeur de 60 ; sa superficie est de 21.000 kil. carrés, c'est-à-dire, égale à celle de quatre départements français.

Une chaîne de montagnes partant du N.-O. aboutit au S.-E. après avoir parcouru l'île dans toute sa longueur, la divisant en deux versants ; les pics les plus élevés atteignent 1.700 mètres, mais la hauteur moyenne de cette chaîne ne dépasse pas 500 m. Les deux versants sont arrosés par de nombreux cours d'eau semés de rapides, mais qui deviennent assez souvent navigables pour les barques de petit tonnage, quelques kilomètres avant de se jeter dans la mer. Le plus considérable de ces cours d'eau, le Diahot, est navigable jusqu'à 40 kil. en amont.

Les côtes, profondément découpées, sont entourées d'un immense récif madréporique qui laisse généralement entre lui et le rivage un canal très large où la mer est toujours calme. Ce canal, qui atteint sur certains points 20 kil. de largeur, facilite beaucoup les relations entre les différents points de la côte. Une grande quantité d'îles ou d'îlots sont situés à l'entrée des baies très profondes et très sûres qui découpent l'île et la pénètrent. Le récif madréporique présente de nombreuses passes, mais elles sont en général fort étroites et d'un accès difficile.

La Nouvelle-Calédonie est à 1.300 kil. de l'Australie et à 1.800 kil. de la Nouvelle-Zélande. La masse générale de l'île est constituée par des porphyres et des basaltes recouverts sur beaucoup de points par des roches métamorphiques. Au N.-E. on trouve des micaschistes et des schistes ardoisiers ; sur la côte ouest on rencontre des terrains crétacés et carbonifères. Les cours d'eau, très abondants, coulent dans des vallées d'alluvion qui forment de magnifiques prairies.

En général la partie montagneuse de l'île est pauvre en terre végétale, mais on y trouve de belles forêts.

Les principaux centres de population sont :

Nouméa, chef-lieu de la Calédonie ; rade magnifique, port absolument sûr ; siège du gouvernement et de toutes les autorités ; 4.000 habitants ;

La Foa, dans la riche vallée de ce nom, appelée à un grand avenir agricole ;

Bourail, le centre pénitentiaire le plus important de la Colonie ;

La vallée du Diahot, très riche en mines de cuivre et de cobalt ;

Canala, belles exploitations agricoles ;

Urio, le centre minier le plus considérable de la Colonie : riches mines de nickel.

Les dépendances de la Nouvelle-Calédonie sont :

1º L'Ile des Pins à 60 kil. au S.-E. ; superficie 15.000 hectares ; formation madréporique ; sol aride ; bois de pins.

2º L'Archipel Loyalty qui s'étend le long de la côte E. de la Nouvelle-Calédonie et à 100 kil. de distance. Cet archipel est formé de trois îles principales :

Maré, 65.000 hectares,

Lifou, 115.000 hectares,.

Ouvéa, 16.000 hectares.

Ces îles, de formation madréporique et aux abords escarpés, sont couvertes de bois et contiennent beaucoup de cocotiers.

3º Le Groupe des îles Huon situé à 200 kil. au nord de la Nouvelle-Calédonie ; arides, inhabitées, mais couvertes de guano.

4º Le Groupe des îles Chesterfield situé à 800 kil. au N.-E. de la Nouvelle-Calédonie ; ce sont comme les îles Huon des rochers inhabités et couverts de guano.

Population. — Races indigènes. — Religion.

La population de la Nouvelle-Calédonie et de ses dépendances est constituée par des éléments très divers. Elle se décomposait ainsi qu'il suit au 1er janvier 1888 :

Population civile européenne	6.776
Officiers et corps de troupe	1.762
Surveillants militaires et leur famille	1.204
Transportés en cours de peine	7.477
Libérés	3.515
Indigènes de la Nouvelle-Calédonie et des Loyalty	41.874
Immigrants des Nouvelles-Hébrides	1.825
Total	64.433

L'indigène de la Nouvelle-Calédonie ou Canaque est robuste, assez intelligent, mais paresseux et indocile ; il ne travaille que pressé par le besoin et seulement pendant quelques jours.

Les Canaques des îles Loyalty sont plus actifs, plus laborieux et plus dociles ; ils ne fournissent cependant pas une main-d'œuvre bien régulière, et n'aiment pas les travaux agricoles ; ils sont bons marins. Sur 17.000 Canaques qui peuplent l'archipel Loyalty, on en compte à peu près 2.500 dans la Nouvelle-Calédonie ; ils y séjournent quelques mois, retournent chez eux, reviennent, mais ne s'y établissent pas.

Les Canaques des Nouvelles-Hébrides sont actifs, intelligents, aptes aux travaux des champs et au service intérieur des habitations ; ils sont très attachés à la France et en butte à l'hostilité des indigènes de la Nouvelle-Calédonie ; on favorise leur immigration autant que possible.

Les métis d'Européens et de femmes indigènes sont beaux et forts.

Régime de la transportation. — Productions du sol. Mines. — Forêts.

Avant de parler des cultures, de l'industrie et du commerce de la Nouvelle-Calédonie, il est indispensable d'exposer la situation économique tout à fait spéciale dans laquelle elle se trouve placée, en vertu des lois du 30 mai 1854, sur la transportation, et du 27 mai 1885, sur la relégation.

Cette dernière loi, dont l'application est toute récente, n'a pas encore donné de résultats appréciables ; nous nous occuperons surtout de la première.

La principale disposition de la loi du 30 mai 1854 est que : tout individu condamné en France à moins de huit ans de travaux forcés doit résider dans la colonie, après sa libération, pendant un temps égal à la durée de sa peine. Si la condamnation excède huit années, la résidence dans la colonie devient obligatoire pendant le reste de sa vie.

D'autre part, les individus transportés peuvent, si leur conduite est bonne : travailler pour les habitants de la colonie ou pour les administrations, jouir de concessions de terrains, rentrer dans l'exercice de tout ou partie de leurs droits civils, enfin, disposer de leurs propres biens.

Ce système pénal repose donc sur trois points principaux :

1º Eloigner de la métropole des individus dangereux pour l'ordre public ;

2º Utiliser, au point de vue du développement de la colonisation, des forces productives ;

3º Moraliser le condamné par le travail et par la famille, et lui permettre de se créer une nouvelle existence.

Plusieurs décrets, dont le dernier date du 18 juin 1880, ont fixé le traitement qui doit être appliqué aux condamnés et aux libérés.

A leur arrivée, les condamnés sont répartis en cinq classes :

La 5ᵉ classe, composée des individus les plus dangereux et des récidivistes, est contrainte aux travaux les plus pénibles, sans salaire ni gratification.

La 4e classe ne reçoit pas de salaire, mais peut recevoir des gratifications de vin, tafia et tabac.

La 3e classe ne reçoit de salaire qu'à titre exceptionnel ; elle reçoit des gratifications.

Les condamnés de la 2e classe sont occupés aux travaux agricoles ou aux travaux publics pour le compte de l'Etat ou de la colonie ; ils reçoivent un salaire régulier.

Les condamnés de la 1re classe peuvent seuls, sur leur demande, recevoir une concession de terre ou être engagés chez les habitants.

Nul ne peut monter d'une classe à l'autre qu'après six mois d'une conduite très régulière.

Les châtiments corporels sont abolis ; les condamnés sont justiciables des conseils de guerre.

La durée de la journée de travail est de huit heures.

Afin de reconstituer la famille, le gouvernement a octroyé le passage gratuit aux femmes et aux enfants des condamnés qui ont mérité cette faveur par leur bonne conduite. En outre, on a envoyé à la Nouvelle-Calédonie des femmes ou des filles détenues en France dans des maisons de force ou de correction ; en arrivant, elles sont internées à Bourail, et elles peuvent contracter mariage avec les concessionnaires libérés qui ont mis en culture une partie notable de leurs terres et qui possèdent une maison suffisamment installée pour y recevoir une femme.

Il faut convenir que les unions contractées dans ces dernières conditions n'ont pas été, en général, très heureuses.

Les principaux établissements pénitentiaires de la Nouvelle-Calédonie sont :

L'île Nou, hôpital qui reçoit tous les malades de la transportation ; prisons destinées aux individus incorrigibles ; forges et vastes ateliers produisant des charpentes en fer, des wagonnets, des essieux, des armatures pour bâtiments, des arbres de couche, des hélices, des ancres, des roues, des engrenages, des instruments d'agriculture, etc. ; et en outre, des ateliers de menuiserie et de charronnage construisant des portes, fenêtres, cases démontables, charpentes en bois, voitures, camions, brouettes, etc.

Une briqueterie et des fours à chaux ont été établis à l'île Nou ;

Camp-Est, renfermant les condamnés occupés à des travaux de maçonnerie, à l'entretien et à la construction des routes ;

Montravel, où arrivent les condamnés venant de France, et où se fait le classement ;

Koé, vaste établissement agricole ; culture de la canne, usine à sucre ayant produit, en 1886, 180 tonnes de sucre ; briqueterie ;

La Foa, centre agricole où ne se trouvent que des condamnés concessionnaires et des libérés ;

Bourail, centre agricole, usine à sucre ;

Pouembout, centre agricole ;

Le Diahot, mines de cuivre très importantes où travaillent 300 condamnés ;

Canala, centre agricole, culture du café ;

Presqu'île Ducos (une partie des condamnés de la Commune y étaient internés), hôpital pour libérés malades ou impotents, prison correctionnelle ;

Baie de Prony, très belle exploitation forestière : bois de charpente et chauffage, charbon de bois ;

Ile des Pins (3.000 condamnés de la Commune y furent internés ; on y envoie actuellement les condamnés impotents ou trop âgés pour travailler, ainsi que les Canaques frappés d'une condamnation).

Le nombre des condamnés transportés était, au 1er janvier 1888, de 7.500.

Le nombre des condamnés concessionnaires était, à la même époque, de 680.

Les concessions varient de 2 à 6 hectares, suivant que la famille est plus ou moins nombreuse. On fournit au concessionnaire des outils, des vivres et des semences pendant un certain temps.

Tant que le condamné subit sa peine, il n'est ni un embarras ni un danger. La tâche de l'administration devient très ardue dès qu'il est libéré ; à ce moment, il faut lui procurer du travail et l'empêcher de nuire à la tranquillité publique.

Il y a actuellement à la Nouvelle-Calédonie près de 4.000 libérés ; sur ce nombre, 191 sont concessionnaires, les autres sont employés, soit par les colons dans les travaux agricoles, soit comme domestiques à Nouméa, soit comme mineurs, ou encore dans les exploitations forestières. Quelques-uns sont artisans et exercent leur profession dans les bourgs.

Un certain nombre de concessionnaires libérés sont à l'abri du besoin ; quelques-uns sont arrivés à l'aisance, c'est le petit nombre.

Les difficultés de la première installation ayant été surmontées, le nombre des concessionnaires tend à s'accroître, et l'on devrait espérer que la colonisation pénale est appelée à transformer la Nouvelle-Calédonie ; malheureusement, les progrès sont lents, et il faut bien convenir que partout on se plaint de la paresse, de la débauche et de l'insubordination des libérés relégués.

Nous parlerons très brièvement de la loi sur la relégation ; elle date du 25 mai 1885, et le décret qui en a réglé l'application est du 26 novembre 1885.

Ce décret établit deux catégories : la relégation individuelle, qui comprend les individus ayant des moyens d'existence, ceux qui sont aptes à recevoir des concessions de terres, ou ceux qui peuvent être employés au compte de l'Etat, de la colonie ou des particuliers ; la relégation collective, qui comprend les individus dépourvus de tous moyens d'existence, incapables d'exercer un métier et de gagner leur vie : ces derniers sont internés sur un territoire déterminé et astreints au travail ; l'administration pourvoit à leur subsistance, et leur donne même un salaire proportionné à leur travail.

Les femmes reléguées peuvent être placées, sur leur demande, dans des maisons d'assistance, où elles sont astreintes au travail.

Les premiers convois de relégués n'étant arrivés qu'en 1887, la loi n'a pas encore produit d'effet appréciable.

Productions du sol. — Le sol de la Nouvelle-Calédonie est apte à toutes les cultures tropicales et, en outre, à beaucoup de cultures des climats tempérés. Les principales productions du sol sont, par ordre d'importance :

Le bétel, le maïs, le café, le cocotier, le manioc, les haricots, la canne à sucre.

L'élève du bétail se développe de plus en plus et donne de beaux bénéfices.

Le maïs produit de deux à trois tonnes à l'hectare.

Le café sera dans l'avenir un des produits les plus sérieux de la colonie; il est d'excellente qualité et on plante actuellement beaucoup de caféiers.

Le manioc réussit parfaitement.

Les haricots donnent deux à trois tonnes par hectare : cette culture est très rémunératrice.

La canne à sucre réussit, mais les premiers essais n'ont pas donné de bénéfices à cause de l'outillage défectueux des usines.

Le tabac vient parfaitement et donne un bonne qualité.

Le cocotier pousse partout. Cet arbre commence à rapporter à 10 ans; à partir de cet âge un hectare peut produire sans frais ni soins une récolte valant 4 à 500 francs.

Les essais de vanille sont satisfaisants.

Presque tous les légumes d'Europe viennent bien, à la condition de bien irriguer.

L'oranger et le citronnier poussent sans culture.

Mines. — La Nouvelle-Calédonie est très riche en mines. Dans la partie nord on trouve surtout l'or, le cuivre, l'antimoine et le plomb. Dans la partie sud on trouve le fer, le chrôme, le nickel et le cobalt.

L'or a été exploité sur plusieurs points, à Fern-Hill particulièrement; de 1870 à 1873 l'usine avait traité 1.200 tonnes de minerai représentant une valeur de 450.000 fr. Ce résultat était inespéré; les filons se sont tout à coup appauvris et l'exploitation a été abandonnée; on vient de la reprendre sans grand succès.

Cuivre. — Des mines très riches ont été rencontrées dans la vallée du Diahot, particulièrement au lieu dit : la Balade. Le minerai contient de 15 à 25 0/0. De 1872 à 1886 la valeur du minerai traité ou exporté a atteint 10 millions de francs. 2.500 tonnes de minerai ont été extraites en 1887 : la valeur moyenne de la tonne est de 250 fr.

Antimoine. — Minerais très riches, contenant en moyenne 35 0/0. L'exploitation a été suspendue, ce métal ayant peu d'emplois.

Plomb. — On a trouvé des gisements considérables de galène argentifère et de cérusite ; l'exploitation commence seulement ; en 1886, 375 tonnes ont été extraites et 700 en 1887 ; le prix moyen de la tonne est de 150 fr. ; le minerai contient 25 % de plomb et 500 grammes d'argent par tonne.

Nickel. — Ce minerai se présente sous la forme de silicate de nickel ; il est très abondant et d'un traitement facile. La Société *le Nickel* qui possède les mines de Thio a extrait certaines années jusqu'à 12.000 tonnes de minerai d'une teneur de 10 0/0 au prix moyen de 130 fr. la tonne. En 1887, il a été extrait 5.000 tonnes. Le nickel qui coûtait 40 fr. le kilo il y a 10 ans en vaut à peine 4 actuellement et tend à devenir d'un usage de plus en plus général.

Chrôme. — Minerai très abondant ; il en a été extrait 1.800 tonnes en 1887 au prix moyen de 50 fr. La teneur du minerai est de 50 0/0. Si ce métal était d'un emploi moins restreint l'exportation pourrait être beaucoup plus considérable, car les gisements sont très riches.

Cobalt. — Minerai très répandu à la surface du sol ; sa teneur est en moyenne de 4 0/0. Le cobalt est un métal ayant des qualités analogues à celles du nickel. 3.500 tonnes du prix moyen de 90 fr. ont été extraites en 1887. Les Compagnies calédoniennes ont obtenu la même année 150 tonnes de métal.

Houille. — On a reconnu de nombreux affleurements de houille, particulièrement sur la côte ouest : ils ne sont malheureusement pas exploités et cependant la Calédonie demande tous les ans 40.000 tonnes de charbon à l'Australie.

On trouve en outre à la Nouvelle-Calédonie de nombreuses carrières de calcaires très variés, du plâtre et de l'argile.

Forêts. — La partie montagneuse de l'île est couverte de magnifiques forêts qui ne sont l'objet d'aucune exploitation régulière, à l'exception de celles qui au sud entourent la baie de Prony. Ces forêts contiennent les essences les plus variées ; une des plus belles est le kaori, conifère de très grandes dimensions. Un atelier de 200 condamnés est établi dans la baie de Prony et forme un village de bûcherons, de charbonniers et de scieurs très prospère et très tranquille, ce qui est une exception. L'exploitation de ces forêts est encore fort insuffisante, puisque la Colonie tire tous les ans pour 500.000 fr. de bois de l'Australie.

Industrie. — Commerce. — Navigation.

L'industrie, encore peu développée, prend de plus en plus d'extension. La plus importante est l'industrie minière. On compte plusieurs fonderies de cuivre, de nickel, de cobalt et d'antimoine ; deux petites usines à sucre, une usine métallurgique très importante à l'île Nou (les ouvriers sont des condamnés), plusieurs briqueteries et fours à chaux, une scierie à vapeur dans la baie de Prony.

Tableau du commerce de la Nouvelle-Calédonie en 1887.

1º COMMERCE AVEC LA FRANCE

Importations de France dans la colonie.................	3.767.218f	} 3.944.218f
Exportations de la colonie en France..................	177.000	

2º COMMERCE AVEC LES AUTRES COLONIES

Importations des colonies.............................	»	} »
Exportations pour les colonies........................	»	

3º COMMERCE AVEC L'ÉTRANGER

Importations de l'étranger	4.286.760 f	} 6.993.781f
Exportations pour l'étranger..........................	2.707.021	
TOTAUX GÉNÉRAUX...................		10.937.999 f

Presque tout le commerce de l'île est concentré à Nouméa, et il se fait surtout avec l'Australie. Cependant, depuis que l'ouverture de la ligne des Messageries maritimes a mis la Nouvelle-Calédonie en relations directes et rapides avec la France, un sérieux courant d'affaires tend à s'établir.

Les principaux articles d'importation sont : les charbons, les bois de construction, les vins et liqueurs, les tissus, les peaux tannées.

Les principaux articles d'exportation sont : le cuivre, le nickel, le cobalt et le chrôme, soit à l'état de minerai, soit à l'état de métal, les peaux fraîches (qui sont tannées en Australie et reviennent dans la colonie), l'huile de coco et le coprah (amande du cocotier).

Mouvement de la navigation en 1887.

Entrées	31 bâtiments français jaugeant			....	46.873 T
	27	—	étrangers	—	31.420 T
Sorties	29	—	français	—	52.892 T
	32	—	étrangers	—	26.801 T

Prix du fret		
d'Australie à Nouméa...........	25 fr. la tonne
de Bordeaux à —	50 —
de Marseille à —	80 —
(par les Messageries maritimes)	
de Londres à Nouméa...........	65 —

Situation monétaire. — Banques. — Budget. — Conditions de l'existence pour l'indigène et pour l'Européen. — Concessions de terres.

La situation monétaire est très tendue ; l'or monnayé manque presque totalement, les transactions ne se font qu'en monnaie d'argent et ces pièces perdent 5 0/0 en Australie. Les remises sur France se font par des traites sur le Trésor. Il n'existe ni loi ni décret fixant le taux de l'intérêt ; ce taux est habituellement de 10 à 12 0/0.

Une succursale de la Banque de l'Indo-Chine va être établie à Nouméa ; actuellement il n'y a aucun établissement de crédit.

Le Budget de la Colonie se solde en recettes et en dépenses par la somme de 2.230.000 fr. A ce chiffre, il faut ajouter au compte de l'Etat non seulement les dépenses de l'armée et de la marine, mais encore 5.600.000 fr. affectés au service pénitentiaire.

Conditions de l'existence. — 1° Indigènes : le Canaque de la Nouvelle-Calédonie, des Nouvelles-Hébrides et des îles Loyalty se contente d'un salaire très médiocre, de 1 à 3 fr. par jour. Ces Canaques peuvent être employés aux travaux agricoles et à ceux des mines, mais ils sont médiocrement robustes et redoutent les travaux pénibles. Ils ne consomment que les vivres du pays : taros, ignames, bananes, etc...

2° Les condamnés : ils reçoivent la ration. Quand ils travaillent au compte de l'Etat, de la Colonie ou à celui des particuliers, leur salaire est peu élevé ; mais ce n'est pas là une main-d'œuvre assurée et régulière.

3° Les libérés et les relégués : ceux qui n'ont pas de professions spéciales gagnent comme journaliers et mineurs des salaires variant de 4 à 6 fr. par jour. Ils sont en général paresseux, indisciplinés et maraudeurs.

4° Les immigrants libres : ils peuvent gagner de très beaux salaires quand ils sont ouvriers habiles : charpentiers, menuisiers, ébénistes, ferblantiers, serruriers, forgerons, bourreliers, gagnent de 10 à 15 fr. par jour. — Les tailleurs, cordonniers, peintres en bâtiment, maçons, boulangers, gagnent de 8 à 12 fr. — Les bons journaliers sont payés 7 à 8 fr.

La vie pour l'Européen est environ d'un tiers plus chère qu'en France.

Concessions de terres. — Le décret du 16 août 1884 a déterminé en même temps : l'étendue des réserves pénitentiaires, les réserves indigènes et le régime des ventes et concessions de terres aux immigrants libres.

Il est fait à cette dernière catégorie des avantages considérables :

1° Passage gratuit de France à la Nouvelle-Calédonie pour l'immigrant, sa famille et ses bagages.

2° Rations de vivres délivrées à l'immigrant et à sa famille pendant les six premiers mois.

3° Concession gratuite d'un lot de 20 ares dans un village, de 4 hectares de terres à culture et de 20 hectares de terres à pâturage.

4° Don d'outils, graines, semences d'une valeur de 150 fr. et prêt de charrues, herses, etc.

5° Concession de 2 hectares de bonnes terres à chaque enfant né dans la colonie.

6° Construction par l'administration, sur le lot de village, d'une case provisoire pour abriter l'immigrant dès son arrivée.

D'autre part, le concessionnaire ne devient définitivement propriétaire qu'au bout de quatre ans s'il est marié et au bout de six ans s'il est célibataire. Il est tenu d'habiter sa concession, de la cultiver et de la clore par des haies vives ; il doit y avoir construit au bout de quatre ou six ans une maison habitable. Faute de remplir ces obligations, la concession peut faire retour au domaine.

Outre les concessions il y a des ventes de terrains ; le prix varie de 20 à 30 fr. l'hectare, et de grandes facilités de paiement sont accordées.

Climat. — Météorologie. — Hygiène.

Le climat de la Nouvelle-Calédonie est chaud, mais très sain ; on attribue cette salubrité aux vents alizés qui chaque jour balayent l'île dans le sens de sa longueur.

Dans les mois les plus chauds le thermomètre ne dépasse pas 36 degrés et dans les nuits les plus fraîches il ne descend pas au-dessous de 12.

Le régime des pluies est variable comme dans nos climats ; il y a tantôt des années pluvieuses et tantôt des années sèches ; le mois de février est le plus humide et le mois de décembre le plus sec.

Des ouragans assez violents ont quelquefois causé des dégâts, mais ils sont loin d'être aussi dangereux que dans les Antilles.

La mer ne marne pas de plus de 1ᵐ 20. Les jours les plus longs sont de quatorze heures et les plus courts de dix.

Le baromètre oscille autour de 0ᵐ 758.

Il n'y a pas de règles spéciales d'hygiène à observer à la Nouvelle-Calédonie en dehors de celles relatives à la sobriété, la propreté du corps et la bonne alimentation.

Le climat ressemble beaucoup à celui de l'Algérie.

Routes et travaux publics. — Instruction publique.

Le réseau des routes de la Nouvelle-Calédonie est encore fort incomplet ; cependant beaucoup de tronçons ont été exécutés par les condamnés, et ces tronçons se relient par des chemins muletiers. Le projet d'ensemble comporte une route circulaire suivant les côtes et un certain nombre de routes transversales. Un tiers du travail est exécuté, le reste se fait au fur et à mesure des ressources.

Les principaux travaux en cours d'exécution sont : la prison civile, l'hôpital militaire, les magasins de la flotte, une conduite d'eau à Nouméa, un pont de cinq arches sur la Dumbéa.

Les principaux travaux projetés sont :

Des quais et un bassin de radoub à Nouméa ;

Trois forts et deux batteries à Nouméa ;

L'éclairage des côtes et des passes ;

L'approfondissement du port en avant de Bourail.

Instruction publique. — Dans les principaux centres, à Nouméa, à Bourail, à la Foa, il existe des écoles tenues par les Frères Maristes pour les garçons et par les Sœurs de Saint-Joseph pour les filles.

Le budget de l'instruction publique est de 31.000 fr.

Très peu d'enfants canaques suivent les écoles.

Postes. — Télégraphes.
Communications avec la Métropole.

Le service des postes fonctionne à la Nouvelle-Calédonie d'après les mêmes règles qu'en France.

La taxe d'affranchissement des lettres est de 0 fr. 25.

La taxe des colis postaux est de 3 fr. 50.

La Nouvelle-Calédonie n'est pas reliée au réseau télégraphique international. Les télégrammes sont adressés à Sydney (Australie), et de là expédiés par vapeur sur Nouméa.

La taxe du mot de France à Sydney est de 11 fr. 35, auxquels il faut ajouter 2 fr. par télégramme pour frais de transport postal.

Les communications avec la France ont lieu par voie française et par voie anglaise :

Voie française
- Départ de Marseille toutes les 4 semaines le mercredi ;
- Arrivée à Nouméa 45 jours après.
- Départ de Nouméa toutes les 4 semaines :
- Arrivée à Marseille 45 jours après.

Voie anglaise
- Départ de Brindisi 3 fois par mois ;
- Arrivée à Sydney 43 jours après.
- (Un vapeur anglais fait tous les 15 jours le trajet de Sydney à Nouméa.)

Prix du passage de Marseille à Nouméa
- 1re classe .... 1.875 fr.
- 2 — .... 1.150 »
- 3e — .... 575 »

Prix du passage de Sydney à Nouméa
- 1re classe .... 250 »
- 2e — .... 175 »
- 3e — .... 90 »

NOUVELLES-HÉBRIDES

L'archipel des Nouvelles-Hébrides, placé sous le protectorat collectif de la France et de l'Angleterre, s'étend du N.-N.-O. au S.-S.-E. sur une longueur d'un millier de kilomètres, du 12e au 20e degré de lat. S.

Il comprend 13 îles importantes réparties en trois groupes.

La superficie totale est d'environ 700.000 hectares.

Ces îles présentent une végétation luxuriante ; d'immenses forêts au centre et des plantations de cocotiers sur le bord de la mer. Elles sont en général de formation volcanique et très saines ; les bons mouillages y sont nombreux et l'eau douce très abondante. La température y est un peu plus élevée qu'à la Nouvelle-Calédonie. Le sol est fertile ; toutes les cultures tropicales y réussissent ; la mer y est très poissonneuse.

Les principaux objets de commerce sont : le bois de sandal, le coprah (amande de coco) et la nacre. Ces produits sont échangés contre des verroteries, des étoffes de coton, des armes à feu, de la poudre, de l'alcool et de la quincaillerie. Une compagnie française d'exploitation, dont le siège est à Nouméa, arme des bâtiments qui visitent ces îles à époques fixes et procèdent, dans les comptoirs qu'elle y entretient, à l'échange des marchandises.

COLONIES FRANÇAISES DU PACIFIQUE

LES ILES WALLIS ET FUTUNA

La France a pris possession de ces iles, le 13 juin 1888, sur la demande des indigènes.

L'archipel Wallis, composé de 12 iles de formation madréporique, est situé par le 13º 30' de latitude sud et le 176º de longitude ouest. L'île centrale, Ouréa, a une superficie de 2.500 hectares et 3.500 habitants qui vivent surtout de la pêche et ne cultivent guère que le cocotier.

L'île Futuna, située à 200 kil. au sud-ouest de l'archipel Wallis. a une superficie de 4.000 hectares et 2.000 habitants.

La prise de possession de ces îles est trop récente pour que nous puissions donner à leur sujet de plus amples renseignements; elles pourront constituer dans l'avenir des points de relâche importants sur la route de Panama à l'Australie.

ARCHIPEL DES ILES DE LA SOCIÉTÉ

L'archipel des îles de la Société se compose de deux groupes distincts :

Les îles du Vent : Tahiti et Mooréa ;

Les îles sous le Vent : Raiatéa, Borabora et quelques îlots sans importance.

L'île de Tahiti, située dans l'océan Pacifique par le 17° 30′ de latitude sud et le 151° 30′ de longitude ouest, est formée de deux presqu'îles réunies par un isthme de 2.200^m de longueur, dont la plus grande hauteur au-dessus du niveau de la mer est de 14^m. La forme de la grande presqu'île est ronde, celle de la petite est ovale. Un récif de corail les entoure presque partout, ne laissant qu'un petit nombre de passes en général dangereuses. Cette île de formation volcanique est couverte de hautes montagnes ; la plus élevée, l'Orohéna, atteint 2.240^m. Ces montagnes sont boisées et donnent naissance à de nombreux torrents qui en approchant de la mer coulent dans des vallées d'alluvion très riches et très fertiles. Au N.-O. de la grande presqu'île se trouve Papeete, chef-lieu de l'île et résidence du gouverneur des établissements français de l'Océanie (autres que la Nouvelle-Calédonie et ses dépendances).

Ces établissements sont :

L'archipel des îles de la Société ;

L'archipel des îles Tubuaï et l'île Rapa ;

L'archipel des îles Tuamotu ;

Les îles Gambier ;

L'archipel des îles Marquises.

Les résidents français qui administrent ces archipels sont sous les ordres du gouverneur de Tahiti.

La population de Tahiti est de 9.600 habitants sur lesquels 400 européens y compris la garnison, 400 chinois et 200 canaques de l'archipel Gilbert. La population de Papeete est de 3.200 habitants ; cette ville possède un port sûr, profond et assez vaste ; on y pénètre par deux passes assez étroites.

La superficie de Tahiti est de 104.000 hectares (un arrondissement français) ; c'est dire qu'elle comporterait dix fois plus d'habitants.

L'île de Mooréa, à 20 kil. à l'ouest de Tahiti, est également montagneuse, de formation volcanique et entourée d'un récif madréporique. Un de ses pics atteint 1.200^m ; sa superficie est de 14.000 hectares et sa population de 1.500 âmes.

Les îles Sous-le-Vent, au nombre de sept, dont la possession vient d'être reconnue à la France par une convention toute récente passée avec l'Angleterre, ont une superficie de 30.000 hectares et une population d'environ 6.000 âmes.

La population de toutes ces îles appartient à la race maorie. Ces indigènes ont la peau cuivrée, la barbe rare ; les hommes sont assez grands, bien proportionnés, et les femmes très gracieuses. C'est une race douce, facile, peu laborieuse, ayant peu de besoins dans cet admirable climat ; leur langage est très harmonieux ; un assez grand nombre d'indigènes parlent l'anglais, très peu le français ; la religion protestante est la plus répandue.

Il y a dans ces îles deux saisons : la saison sèche d'avril à novembre, et la saison humide pendant les mois de novembre, décembre, janvier, février et mars ; cette dernière saison est accompagnée de violents orages. La température est élevée, mais ne présente pas de brusques variations ; elle ne dépasse pas 35 degrés et ne descend pas au-dessous de 15.

Les marées sont à peine sensibles.

Le baromètre oscille autour de 0^m 757.

Le climat est très sain, il n'y a pas de maladies endémiques et pas d'autres précautions à prendre que celles à observer dans le midi de la France.

Productions du sol. — Les principales sont, par ordre d'importance : le coton, le sucre et le rhum, le coprah, les oranges, la vanille, le café.

Le coton est d'une qualité supérieure.

La culture de la canne à sucre s'étend de plus en plus, ainsi que celle du cocotier. Les oranges viennent librement et sans soins ; en un mot, toutes les cultures tropicales réussissent parfaitement ; en s'élevant dans la montagne, on peut produire presque tous les légumes et les fruits d'Europe.

On ne connaît pas de mines dans ces îles ; les Madrépores fournissent une chaux excellente à un prix infime.

Les forêts ne sont exploitées que pour les fours à chaux et pour l'ébénisterie.

Industrie. — Il existe à Tahiti deux usines à égrener le coton, trois usines à sucre, une distillerie de cannes et de miel et une fabrique de fécule de coco qui occupent en tout 150 ouvriers. La pêche des huîtres à nacre et à perles constitue en outre une industrie florissante.

Tableau du commerce des îles de la Société en 1887.

1º COMMERCE ENTRE LA FRANCE ET TAHITI

Importations de France dans la colonie.....   426.706ᶠ 01   )
Exportations de la colonie en France.......   "   )   426.706ᶠ 01

2º COMMERCE DE TAHITI AVEC LES AUTRES COLONIES FRANÇAISES

Importations des colonies françaises........   3.014ᶠ 57   )

Exportations pour les colonies françaises. { Denrées et marchandises de la colonie................   "   }   3.014 57
{ Denrées et marchandises provenant de l'importation......   "   }

3º COMMERCE DE LA COLONIE ET DE L'ÉTRANGER

Importations en marchandises et produits étrangers. { Par navires français de France   13.797ᶠ 74   )   2.631.791 69
{ Par navires étrangers........   2.617.993 95   )

A reporter....   3.061.512 27

				Report....	3.061.512 27
Exportations pour l'étranger et les Archipels voisins.	Denrées et marchandises de la colonie...............	2.458.155 91			3.222.045 35
	Denrées et marchandises provenant de l'importation....	763.889 44			
Importations directes pour les Marquises par navires étrangers de l'étranger					140.000 00
Importations directes pour les Gambiers par navires étrangers de l'étranger					55.000 00
			Total général................		6.478.557 62

ARTICLES D'IMPORTATION		ARTICLES D'EXPORTATION	
Animaux vivants......	58.217 80	Animaux vivants.....	675 00
Produits et dépouilles d'animaux	165.872 41	Produits et dépouilles d'animaux..........	54.763 45
Pêches...............	60.883 63	Conserves et provisions diverses...........	13.391 54
Farineux alimentaires.	446.548 74	Pêches..............	11.711 54
Fruits et graines......	123.124 02	Matières dures à tailler	539.401 44
Denrées coloniales de consommation......	117.321 91	Farineux alimentaires.	52.554 70
Sucs végétaux........	49.492 93	Fruits et graines.....	1.165.097 48
Bois de toutes sortes...	101.284 90	Denrées coloniales...	151.579 02
Filaments à ouvrer....	190.846 69	Sucs végétaux........	2.302 95
Produits et déchets divers	43.481 85	Bois communs.......	23.756 73
Pierres, terres, minéraux et combustibles.	142.257 63	Tiges et filaments à ouvrer.............	550.998 74
Métaux...............	22.418 77	Produits et déchets divers	25.336 91
Produits chimiques ...	5.751 89	Pierres, terres et combustibles minéraux.	18.199 66
Couleurs.............	20.845 53	Métaux	8.557 25
Compositions diverses.	155.415 61	Couleurs.............	4.010 91
Boissons.............	216.544 22	Compositions diverses.	21.645 71
Fils et tissus.........	580.849 29	Vitrifications........	2.123 03
Papier et ses applications...............	32.756 65	Fils et tissus........	205.453 97
Matériel pour navires.	23.013 99	Papier et ses applications...............	3.062 86
Meubles	18.720 49	Boissons.............	41.243 90
Ouvrages en matières diverses............	520.122 05	Ouvrages en matières diverses...........	319.178 98
Vitrifications	3.716 09	Total général...	3.222.045 35
Total......	3.061.512 27		
Importations directes pour les Marquises.	140.000 00		
Importations directes pour les Gambiers..	55.000 00		
Total général...	3.256.512 27		

Presque tout ce commerce, concentré à Papeete, est entre les mains de maisons étrangères.

Mouvement de la navigation en 1887.

Entrées { 34 bâtiments français jaugeant. .... 3.605 T
{ 110 — étrangers — .... 19.569 T

Sorties { 33 — français — .... 3.708 T
{ 98 — étrangers — .... 18.448 T

Nous ne comprenons pas dans les chiffres ci-dessus les barques et pirogues de grandes dimensions qui sont fort nombreuses et font le transit avec les Archipels voisins.

Prix du fret {
sur San-Francisco........................ 35 fr. la T
sur l'Europe .... 90 —
sur Valparaiso.......................... 50 —
sur l'Australie . ... 60 —
sur les Archipels voisins (suivant la distance) de 10 à 30 —

Situation monétaire. — Elle est difficile ; les pièces françaises, faisant prime, sont retirées de la circulation, envoyées à San-Francisco et remplacées par des pièces chiliennes et péruviennes. On a dû émettre du papier-monnaie pour remédier à l'insuffisance du numéraire.

Le seul établissement de crédit qu'il y ait à Papeete est la Caisse Agricole, qui fonctionne depuis 1863, et dont les statuts ont été modifiés plusieurs fois. Cette Caisse, au capital de 115.000 francs, émet, sous la garantie du Trésor local, des bons qui ont cours dans la colonie ; elle prête sur propriétés immobilières, escompte les billets à deux signatures, émet des warrants, et peut même acheter pour son compte des cotons qu'elle doit remettre à la disposition du commerce contre remboursement du prix d'achat majoré de 2 0/0. Le taux de l'intérêt varie de 8 à 12 0/0.

Le budget de Tahiti et de ses dépendances se solde, en recettes et dépenses, par la somme de 1.225.000 fr., auxquels l'Etat concourt pour une somme de 100.000 fr.

Conditions de l'existence pour les indigènes. — La vie est tellement facile dans les îles de la Société, que l'indigène, qui, d'ailleurs, a peu de besoins, est très indolent. A Tahiti, il préfère les occupations manuelles aux travaux de l'agriculture, et il y devient très habile. Un journalier gagne 5 fr. par jour.

Le logement et la nourriture, pour l'indigène, sont à très bas prix ; il se nourrit surtout de poisson, de porc et d'une sorte de banane appelée feï.

Conditions de l'existence pour l'Européen. — Il y a fort peu de chose à faire dans le petit commerce, toutes les places ayant été prises par les Chinois. Les professions manuelles sont bien rémunérées, mais on ne peut les exercer que d'une façon très irrégulière ; il faut savoir plusieurs métiers, sans quoi on subit de longs chômages.

Un très bon ouvrier gagne 12 fr. par jour ;

Un bon, de 9 à 10 fr. ;

Un passable, de 7 à 8 fr.

La vie est fort chère pour qui veut vivre à l'européenne :

Pain............................ le kilog., Fr.	0	80
Viande de bœuf.................. —	3	»
— de mouton............... —	3	»
— de porc.................. —	2	»
Vin (au détail)..................... le litre,	1	50

Une seule chambre non meublée, 40 fr. par mois.

Les vêtements, plus chers qu'en France de 40 0/0.

Si l'Européen veut se contenter d'une case pour logement et des vivres du pays, la vie devient peu coûteuse.

L'Européen peut cultiver la terre et se livrer à toute espèce de travaux ; l'agriculture manque de bras, et il trouvera toujours facilement à s'employer.

Immigration. — La rareté de la main-d'œuvre a provoqué l'immigration par voie d'engagements d'un petit nombre d'indigènes de l'archipel Gilbert nommés Arorai ; ils sont assez laborieux, mais dépassent rarement les limites de leur engagement et retournent chez eux à l'expiration. On en compte environ 200 à Tahiti.

Concessions de terres. — Le sol étant resté la propriété des indigènes, il n'existe pas de concessions de terres ; mais la Caisse Agricole possède un assez grand nombre de propriétés en bonnes terres, qui varient d'un demi-hectare à cinquante hectares, et qu'elle vend à de bonnes conditions. Les paiements se font en dix années.

Routes. — Une assez bonne route, carrossable sur presque toute son étendue, fait le tour des deux presqu'îles ; sa longueur est de 158 kilomètres. Quelques chemins pénètrent dans l'intérieur de l'île, mais ils ne sont praticables que dans la saison sèche.

Il existe aussi une route circulaire à Mooréa.

Il est question de faire quelques travaux pour l'amélioration du port de Papeete.

La colonie dépense tous les ans 54.000 fr. pour le budget de l'instruction publique, et les enfants parlent de plus en plus la langue française, tandis que les parents parlent surtout l'anglais.

Télégraphes. — Tahiti n'est pas relié au réseau télégraphique international ; les télégrammes de France à Tahiti vont d'abord à San-Francisco, d'où ils sont expédiés par navire à Tahiti.

Taxe du mot de France à San-Francisco, 1 fr. 25.

Taxe postale du télégramme de San-Francisco à Tahiti, 1 fr. 25.

Communications avec la métropole. — Elles sont fort difficiles et ont lieu successivement :

Par paquebots du Havre à New-York.............. 10 jours.
Par chemin de fer de New-York à San-Francisco... 7 —
Par voiliers, partant le 1er de chaque mois de San-
Francisco et mettant, pour arriver à Tahiti....... 35 —

TOTAL .... 52 jours.

Toutes les six semaines, un petit bâtiment à voiles part de Papeete pour les Marquises et les îles Tuamotu, emportant les passagers et la correspondance ; son trajet, aller et retour, dure 35 jours.

L'île de Mooréa et les îles Sous-le-Vent sont desservies toutes les semaines par une embarcation pontée.

Les îles Tubuaï, les îles Gambier et l'île Rapa ne sont desservies qu'accidentellement par des navires marchands.

L'absence de communications directes postales et télégraphiques est une des principales causes de la situation médiocrement prospère de nos établissements de l'Océanie.

ARCHIPEL DES ILES TUBUAI & ILE RAPA

Par le traité de 1847, la reine Pomaré, qui régnait à Tahiti, s'est placée sous le protectorat de la France, et lui a cédé tous les droits qu'elle exerçait effectivement sur les archipels voisins : les Tuamotu et les Tubuaï.

L'archipel Tubuaï comprend quatre îles et une quinzaine d'îlots.

La plus importante, Tubuaï, a 9.000 hectares et 390 habitants.

L'île de Raivavae a 5.000 hectares et 320 habitants.

Tubuaï est à 600 kilomètres au sud de Tahiti.

Le climat de ces îles est le même que celui de l'archipel de la Société ; les productions du sol sont les mêmes. Elles sont de formation volcanique et entourées de récifs. Les habitants vivent surtout des produits de la pêche et de ceux du cocotier.

Ces îles sont visitées de temps en temps par des bâtiments marchands de diverses nationalités, qui procèdent à l'échange des marchandises. Chacune d'elles est administrée par un résident, et il ne s'y trouve pas d'autre Européen.

Ile Rapa (ou *Oparo*). — Cette île est située, par 27° 30′ de latitude sud, et par 146° 30′ de longitude ouest, à 1.300 kilomètres au sud de Tahiti ; sa superficie est de 2.000 hectares, et sa population de 160 habitants.

L'île Rapa, de formation volcanique, et entourée par des récifs, a des baies profondes et sûres ; sa position dans l'Océan Pacifique commande la route du cap Horn à l'Australie, et c'est cela seulement qui fait son importance. Le sol est pauvre ; les habitants vivent des produits de la pêche et des fruits de l'arbre à pain. La température est sensiblement plus froide qu'à Tahiti, et le fruit du cocotier n'y arrive pas à maturité.

ARCHIPEL TUAMOTU ET ILES GAMBIER

L'archipel Tuamotu et les îles Gambier appartiennent au même groupe géographique et ethnographique. Cet archipel occupe, à l'est de Tahiti, une étendue de 1.800 kilomètres du N.-O. au S.-E., sur une largeur moyenne de 500 kil. Il comprend environ 80 îles, dont la moitié seulement est habitée d'une façon permanente.

La superficie des Tuamotu est de 86.000 hectares, avec 5.500 habitants ; celle des îles Gambier est de 4.000 hectares avec 500 habitants.

Presque toutes ces îles sont de grands récifs madréporiques s'élevant très peu au-dessus du niveau de la mer, d'une très petite largeur, et s'étendant en cercle plus ou moins allongé autour d'un lagon intérieur ordinairement très profond ; il existe quelquefois une passe dans le récif, et alors les plus grands bâtiments peuvent pénétrer dans le lagon ; le plus souvent, les passes ont très peu d'eau, et les petites embarcations doivent être portées à bras pour pouvoir entrer. Quelques-uns de ces lagons ont 50 kil. de long sur 20 de large ; leur profondeur atteint fréquemment 30 mètres.

Le sol de ces îles est très aride ; on n'y trouve guère que le pandanus et une sorte de buis appelé mikimiki. Le pandanus est un arbre de petite dimension, très répandu dans toute l'Océanie, qui produit des baies comestibles ; on fait avec ses feuilles des nattes et des toitures de cases ; les fibres servent à fabriquer des étoffes grossières. En certains endroits, où la terre végétale est plus épaisse, on a pu planter des cocotiers.

L'eau douce fait presque complètement défaut, aussi n'y a-t-il

pas d'autres animaux que des oiseaux de mer et quelques porcs
élevés à grand'peine par les indigènes.

Les îles principales sont : Anaa — 1.200 habitants.
          Fakarava — 400   id.
          Langiora — 600   id.

La population européenne ne dépasse pas dans tout l'archipel
40 personnes.

Le climat est le même qu'à Tahiti ; les indigènes sont très
vigoureux et moins dociles que les Tahitiens ; ils ont des habitudes nomades et vont d'une île à l'autre pour se livrer à la
pêche.

La pêche est la grande industrie du pays et celle qui fait toute
sa richesse. Dans les eaux profondes et limpides des lagons
l'huître perlière se fixe à de grandes profondeurs sur des coraux,
s'y développe à l'abri de l'agitation de la mer et atteint d'assez
grandes dimensions (15 à 25 centimètre de diamètre).

Le plongeur Tuamotu, d'une hardiesse et d'une habileté qui ne
sont égalées nulle part, armé seulement d'un couteau, se laisse
tomber au fond de l'eau les pieds en avant sans que ceux-ci
soient munis d'aucun poids capable d'accélérer la rapidité de sa
chute ; il descend ainsi à des profondeurs de 20 à 25 brasses (30
à 40 mètres), reste dans l'eau de 1 minute et demie à trois mi-
nutes, détache une ou deux huîtres et remonte à la surface.

Après plusieurs plonges (et les femmes n'y sont pas les moins
habiles), les huîtres sont ouvertes, les perles sont recherchées et
les coquilles mises dans le sable humide. Ces coquilles constituent la nacre et forment avec les perles le principal objet
d'échange. On estime que les îles Tuamotu et les îles Gambier
produisent par an 1.000 tonnes de nacre au prix moyen de 1.000 fr.
la tonne.

Il est impossible de donner un chiffre exact en ce qui concerne
les perles ; leur commerce échappe à tout contrôle ; on ne pense
pas que leur valeur atteigne celle de la nacre.

Presque tout le commerce des nacres et des perles est entre
les mains de maisons anglaises, allemandes et américaines. Sur

25 goëlettes fréquentant l'archipel, deux seulement sont françaises.

Les nacres et les perles sont échangées contre de la farine, des conserves, des étoffes de coton, du tabac et de l'alcool.

Les îles Tuamotu et les îles Gambier sont administrées par des résidents placés sous les ordres du gouverneur de Tahiti ; l'un à Fakarava pour les Tuamotu, l'autre à Mangareva pour les îles Gambier.

Toutes les six semaines un bâtiment à voiles va de Tahiti à Fakarava avec les passagers et la correspondance.

Mangareva n'est visité qu'accidentellement par des bâtiments de commerce.

ARCHIPEL DES ILES MARQUISES

Le centre de l'archipel des îles Marquises est situé par le 10°
de latitude sud et le 140° de long. ouest. Cet archipel comprend
onze îles principales d'une superficie totale de 125.000 hectares
avec 6.000 habitants. Les Marquises sont de formation volcanique, très montagneuses, et leurs côtes sont très dentelées. Les
plus importantes sont :

Nouka-Hiva — 32 kil. de long sur 20 de large ; pic de 1.200 mètres d'altitude ; chef-lieu Taio-Hac, siège de la résidence ; Hiva-
Hoa — 40 kil. sur 20, pic de 1.300 m. d'altitude. Les habitants, de
race maorie, sont sauvages et indociles. De nombreux cours d'eau
sillonnent les vallées où la végétation est touffue sans être très
variée ; on y trouve surtout l'arbre à pain, le cocotier et le pandanus.

Depuis quelques années les indigènes cultivent avec succès le
coton et une petite usine à égrener vient d'être fondée à Nouka-
Hiva. Le commerce ne se fait que par voie d'échange ; les productions indigènes sont le coton, le coprah et la nacre.

L'archipel est administré par un résident sous les ordres du
gouverneur de Tahiti. Le culte catholique est devenu dominant ;
le climat est chaud mais très sain.

Les communications avec la France n'ont lieu que par Tahiti et
seulement toutes les six semaines.

La population européenne est de 80 âmes, y compris les fonctionnaires et la garnison.

ILE CLIPPERTON

L'île Clipperton est un îlot madréporique inhabité, de 5 kil. de long sur 4 de large, situé par le 10° 17′ de latitude nord et le 111° 30′ de long. ouest.

Il s'y trouve un lagon assez profond, présentant deux passes dont l'une défendue par un rocher de 12 m. d'altitude, très propre à l'établissement d'un phare.

Cette île est sur la route de Panama en Chine ; on pourra donc y établir plus tard un dépôt de charbon et lui donner ainsi une importance considérable.

COLONIES D'AMÉRIQUE

GUYANE

Géographie physique. — Limites. Superficie. — Nature et configuration du sol.

On appelle Guyane la vaste contrée de l'Amérique du Sud comprise entre l'Orénoque et le fleuve des Amazones. Quatre puissances se la partagent : l'Angleterre, la Hollande, la France et le Brésil.

La Guyane française est un quadrilatère borné au nord-ouest par la mer, au nord-est par la rivière Maroni qui la sépare de la Guyane hollandaise, au sud par les monts Tumuc-Humac, et au sud-ouest par la rivière Oyapock.

Du côté de la Guyane hollandaise, les limites ne sont nettement déterminées que par le cours inférieur du Maroni ; au delà elles sont indécises et la question vient d'être soumise à un arbitrage.

Du côté du Brésil il y a aussi des contestations fort anciennes et qui portent sur un territoire très étendu, puisqu'il est égal au quart de la France.

Le Brésil a offert comme limite, en 1855, la rivière Carsevenne ; la France demande que cette limite soit portée jusqu'à la rivière Araguari ou tout au moins jusqu'à l'embouchure de la rivière

Vincent-Pinçon. Il est question de régler par voie d'arbitrage ce différend qui dure depuis le traité d'Utrecht (1713).

La Guyane française, telle qu'elle est actuellement constituée entre le Maroni et l'Oyapock, a une superficie qui équivaut environ à vingt départements français.

Les monts Tumuc-Humac, situés au sud de la colonie dont ils forment la limite, ont une hauteur moyenne de 5 à 600 m. ; quelques-uns de leurs pics atteignent 1.200 m. Ils sont formés surtout de roches cristallines stratifiées (gnéiss, diorite et quartz). Ces montagnes très boisées donnent naissance à de nombreux cours d'eau semés de rapides.

Ces rivières sont, en partant du nord :

Le Maroni, dont la longueur atteint 500 kil. ;

La Mana ;

Le Corossoni ;

L'Approuague ;

Et l'Oyapock, aussi considérable que le Maroni.

De nombreux contreforts partent des monts Tumuc-Humac, d'autres massifs montagneux les croisent et descendent en étages successifs jusqu'à la mer. On distingue donc dans la Guyane les terres basses qui vont de la mer jusqu'aux premières croupes, et les terres hautes qui couvrent presque tout l'intérieur. Les terres hautes sont couvertes d'immenses forêts presque impraticables, fort peu connues et remplies des plus belles essences. Les terres basses sont formées d'alluvions ; une très petite partie est cultivée, le reste est en savanes, en prairies et en marais. De vastes tourbières en formation couvrent une partie des terres basses ; on les appelle savanes tremblantes.

Les principaux centres de population sont, en partant du nord :

Saint-Laurent du Maroni, situé sur ce fleuve et à 20 kil. de l'embouchure ; nombreux chantiers forestiers ; 1.200 habitants.

Mana : exploitations de bois, élevage de bestiaux ; 1.700 habitants ;

Sinnamary : 1.500 habitants ;

Cayenne, chef-lieu de la Colonie, située dans une île à l'embouchure de la rivière dont elle a pris le nom ; bonne rade, port vaste, mais accessible seulement aux bâtiments de 500 tonnes.

Beaux quais et appontements ; siège de tous les services et administrations ; 8.500 habitants ;

Roura : 1.200 habitants ;

Approuague : 1.100 habitants.

Population. — Races indigènes. — Religion.

Au 1er janvier 1888 la population de la Guyane se décomposait
ainsi qu'il suit :

Fonctionnaires, employés et leur famille......	1.437
Garnison	634
Population civile.......,....................	17.710
Immigrants soumis au régime spécial (Anna-	
mites, Sénégalais, Coolies indiens)..........	1.576
Condamnés en cours de peine...............	3.272
Libérés astreints à la résidence..............	1.167
Total.....	25.796

La population indigène, disséminée dans l'intérieur et vivant à
l'état nomade, n'a jamais pu être recensée ; on suppose qu'elle
atteint le chiffre de 100.000 âmes.

Régime de la transportation.
Productions du sol. — Mines. — Forêts.

Le régime de la transportation et celui de la relégation sont
réglés à la Guyane par les lois du 30 mai 1854 et du 27 mai 1885,
et par les décrets du 18 juin 1880 et du 26 novembre 1885, ainsi
que cela a lieu pour la Nouvelle-Calédonie ; il est donc inutile
d'y revenir.

En vertu de la loi du 30 mai 1854, la Guyane a reçu jusqu'à
18.000 condamnés ; mais le climat de cette colonie ayant été reconnu trop dangereux pour les surveillants et pour les condamnés d'origine européenne, on n'y a plus envoyé à partir de 1868
que les condamnés de l'Algérie et ceux des colonies françaises.

Le nombre des établissements pénitentiaires qui a été de quatorze est actuellement réduit à quatre :

Les îles du Salut. — 640 condamnés. — Hôpital, asile pour les vieillards et impotents.

Le pénitencier de Cayenne. — 650 condamnés qui travaillent soit dans des ateliers, soit au compte de l'administration, soit encore chez des particuliers.

Kourou. — 400 condamnés. — Etablissement agricole.

Maroni. — 1.100 condamnés. — Ces établissements comprennent le long de la rivière du Maroni une très grande étendue de terrain où se trouvent plusieurs exploitations agricoles et forestières ; c'est sur ce territoire que se trouvent les concessions faites aux libérés et aux condamnés.

L'effectif actuel des condamnés en cours de peine est de 3.272, et celui des libérés de 1.167.

Productions du sol. — La Guyane, malgré la fécondité de son sol et l'abondance des eaux, est presque partout inculte ; elle ne produit même pas les vivres nécessaires à la nourriture de sa population. Tout peut y venir, mais rien n'est exploité et l'agriculture n'existe pas. Quelques bananiers, des patates, des ignames, un peu de maïs et du manioc en quantité insuffisante : voilà le relevé des productions de ce pays.

Toutes les cultures tropicales y réussissent parfaitement ; aucun essai n'a échoué, mais la colonie manque à la fois de bras et de capitaux. La canne à sucre, le caféier, le cotonnier, le cacaoyer, le rocouyer, le poivrier, le cocotier y viennent à merveille : l'ensemble de ces cultures n'atteint pas une valeur de 200.000 fr.

Les textiles et les plantes tinctoriales sont très abondants, leurs produits sont excellents ; ils ne sont pas exploités.

En résumé, la Guyane, qui n'a que 26.000 habitants, ne peut même pas les nourrir.

Mines. — On ne connaît pas à beaucoup près toutes les richesses minières du pays, l'intérieur étant fort peu connu. On trouve à la limite des terres hautes et des terres basses une roche appelée limonite, très riche en peroxyde de fer (40 à 60 °/₀); les gisements sont très abondants, mais ne sont pas exploités.

Il y a beaucoup de kaolin, mais pas très pur.

En 1855, les premiers gisements aurifères ont été trouvés dans le bassin de l'Approuague, de la Mana et du Sinnamary. L'or recueilli se trouve en grains plus ou moins gros dans les terrains d'alluvion, et on l'extrait par lavages successifs. Ces terrains d'alluvion, sans être épuisés, sont actuellement moins riches, et depuis quelques années on s'occupe de la recherche des filons de quartz aurifère que l'on rencontre surtout dans la partie haute de la contrée. Il faut, malheureusement, tout un outillage et l'absence de routes en rend le transport très difficile; on commence cependant à installer des usines à broyer le quartz.

La production de l'or en 1887 a atteint 1.800 kil. représentant une valeur de 5 millions de fr.

Les permis de recherches sont accordés pour un ou deux ans, moyennant une redevance de 0 fr. 10 par hectare; les permis d'exploitation sont accordés pour neuf ans, moyennant une redevance annuelle de 0 fr. 50 par hectare. 600.000 hectares de terre ont été concédés; le dixième à peine est exploité.

L'or exporté paye à la colonie une redevance de 230 fr. par kilogramme.

On compte environ 2.000 travailleurs des deux sexes employés à la recherche de l'or. Ils sont logés dans des cases, nourris et ont droit aux soins médicaux; leur salaire est variable : pour les hommes, il est de 3 à 7 fr. par jour, pour les femmes de 2 à 4 fr.

Forêts. — La Guyane est couverte d'immenses forêts vierges où l'on rencontre les essences les plus précieuses et les plus variées; mais en dehors de l'administration pénitentiaire, qui exploite 6.000 hectares, le reste n'est pas utilisé, et la colonie est tributaire de l'Amérique du Nord pour ses bois de construction.

Industrie. — Commerce. — Navigation.

En dehors de l'exploitation de l'or, il n'y a à la Guyane que deux distilleries de tafia et une petite fabrique de pâte de rocou (matière tinctoriale rouge).

Tableau du commerce de la Guyane en 1887.

1º COMMERCE ENTRE LA FRANCE ET LA COLONIE

Importations de France dans la colonie.................... 5.887.175f
Exportations de la colonie en France.................... 5.114.417 } 11.001.592f

2º COMMERCE DE LA GUYANE AVEC LES AUTRES COLONIES ET PÊCHERIES FRANÇAISES

Importations des colonies et pêcheries françaises............ 110.976f

Exportations pour les colonies et pêcheries françaises.
- Denrées et marchandises de la colonie.   2.183f
- Denrées et marchandises provenant de l'importation.
  - Françaises..   »
  - Etrangères..   137.161f
  - } 137.161
- } 139.344
} 250.320

3º COMMERCE DE LA COLONIE AVEC L'ÉTRANGER

Importations en marchandis. étrangères.
- Par navires français.
  - Des entrepôts de France 401.855f
  - De l'étranger directement 775.747
  - } 1.177.602f
- Par navires étrangers...............   1.457.318
- } 2.634.920f

Exportations pour l'étranger.
- Denrées et marchandises de la colonie.   42.184
- Denrées, march. provenant de l'importation.
  - Françaises.   200
  - Etrangères.   3.938
  - } 4.138
- } 46.322
} 2.681.242

Total général.......... 13.933.154

Les principaux articles d'importation sont :

Animaux, produits et dépouilles d'animaux.......... 1.298.000
Produits de la pêche (morue)...................... 346.000
Farineux alimentaires............................ 1.205.000
Denrées coloniales (sucre, café, tabac)............. 336.000
Boissons.. 1.220.000
Tissus.. 956.000
Chaussures...................................... 246.000
Machines.. 123.000
Vêtements....................................... 156.000

Les principaux articles d'exportation sont :

Or natif... 5.000.000
Pâte de rocou................................... 37.000
Tissus (réexportation) 134.000

Le seul commerce est donc celui d'importation ; les navires, après déchargement de leurs cargaisons, repartent sur lest.

Tableau de la navigation en 1887.

Entrées	45 bâtiments français jaugeant.............	17.294 T
	47 — étrangers —	7.859 T
Sorties	42 — français —	16.436 T
	47 — étrangers —	8.037 T
Prix du fret	pour France par vapeur.............	90 fr. la T
	— voilier.............	45 —
	pour New-York.....................	50 —

Situation monétaire. — Banques. — Budget. Conditions de l'existence.

La situation monétaire est satisfaisante ; les monnaies françaises ont seules cours légal. On trouve cependant un assez grand nombre de pièces anglaises et hollandaises.

Banque. — La Banque de la Guyane date de 1855, et a été créée au capital de 400.000 fr. ; en 1864, ce capital a été porté à 600.000 fr.

Les opérations de la Banque consistent à :

Emettre des billets payables à vue et au porteur ; il y en a actuellement en circulation pour une valeur de 1.600.000 fr. ;

Recevoir des dépôts de titres, monnaies ou lingots d'or et d'argent ;

Effectuer des recouvrements pour le compte des particuliers ou des établissements publics ;

Escompter des effets à deux signatures ; le taux de l'escompte est habituellement de 8 % ;

Prêter sur marchandises ou récoltes pendantes ;

Enfin, à faire pour son propre compte le commerce ou la commission des métaux précieux.

Budget. — Le budget de la Guyane se solde en recettes et dépenses par la somme de 2.125.000 fr. L'Etat dépense tous les ans 2.100.000 fr. pour le service pénitentiaire.

Conditions de l'existence. — Les nègres qui ont été émancipés en 1848 forment la grande majorité de la population ; ils sont vigoureux, mais peu laborieux, exercent les petites industries, font le petit commerce et la culture vivrière.

Le Coolie indien est moins vigoureux que le nègre ; il travaille la terre, mais s'acclimate difficilement ; son pécule amassé, il retourne dans son pays. On en compte environ 2.000.

L'Annamite est sobre et industrieux ; il est volontiers pêcheur, marin, batelier, mais ne s'attache pas au sol et part dès qu'il a gagné quelque argent. Il y en a environ 500.

Le noir sénégalais, très robuste, assez laborieux, s'acclimatant très bien, s'emploie de préférence à la culture de la terre. On en compte à peu près 600.

L'immigration indienne et africaine ayant été interdite, le nombre des bras fait de plus en plus défaut, et la décadence de l'agriculture s'accentue tous les jours davantage. Toutes les grandes exploitations agricoles et un grand nombre de petites habitations sont aujourd'hui abandonnées. Il n'y a pas d'immigration européenne en dehors de quelques industriels concessionnaires de terrains aurifères.

La colonie dispose d'immenses quantités de terrains propres à l'agriculture et qu'elle vend à raison de 25 fr. l'hectare.

Le salaire sur les placers est de 3 à 7 fr. par jour pour les hommes, et de 2 à 4 pour les femmes.

Les ouvriers sont logés dans des cases ou paillotes, nourris et ont droit aux soins médicaux.

Les salaires pour l'agriculture sont médiocres : 1 à 2 fr. par jour, plus la nourriture et le logement.

Les maçons, menuisiers, forgerons, serruriers gagnent 5 à 6 fr. par jour.

L'Européen ne peut ni travailler la terre ni exercer une profession manuelle.

Prix des denrées les plus nécessaires à la vie :

Pain..... le kilo...	0 fr.	80
Morue... —	1	60
Riz...... —	0	80
Bœuf.... —	2	40
Porc .... —	1	60
Pommes de terre... le kilo................	0	60
Poisson frais....... —	1	»
Poule..... la pièce........................	4 à 5	»
Vin..... le litre........................	0	70
Lait..... —	1	60

Une chambre non meublée, à Cayenne... de 20 à 30 fr. par mois

Il résulte de ces chiffres que la vie est fort coûteuse à la Guyane.

Climat. — Météorologie. — Hygiène.

Le caractère essentiel du climat de la Guyane est la chaleur unie à l'humidité.

La température moyenne est de 28 degrés ; les écarts sont 40 et 20. On distingue deux saisons : la saison sèche, de juin à novembre ; l'hivernage ou la saison humide, de décembre à mai. Il tombe des quantités d'eau énormes ; la moyenne est de 3^m20 ; certaines années la hauteur d'eau tombée a atteint 4^m50.

Les vents d'est et nord-est sont dominants ; les ouragans sont très rares.

Les marées sont très sensibles ; elles atteignent 3^m20.

La longueur des jours est à peu près la même pendant toute l'année.

La pression barométrique oscille très peu autour de 0,760.

Hygiène. — Dans ce climat, à la fois très chaud et très humide, les fièvres paludéennes et les maladies du foie sont fréquentes et redoutables. La fièvre jaune y fait aussi beaucoup de ravages. L'Européen ne peut conserver sa santé qu'à la condition de vivre d'une façon très sobre et très réglée, de ne pas boire d'alcools, de ne pas sortir au soleil ; il doit porter des vêtements de laine, éviter tous les excès et revenir en Europe au moins tous les deux ans.

Routes et travaux publics. — Instruction publique.

Il n'y a guère de routes qu'autour de Cayenne et de Saint-Laurent du Maroni ; dans tout le reste du pays il n'y a que des pistes ou sentiers. La colonie projette la construction de quais à Cayenne, le balisage de la rade et la construction d'un phare.

Si, comme on l'espère, l'exploitation de l'or devient plus fructueuse, il sera indispensable de construire un chemin de fer à voie étroite reliant les placers à la mer.

La colonie dépense tous les ans 182.000 fr. pour l'instruction publique ; tous les centres importants ont des écoles de filles et de garçons.

Postes. — Télégraphes.
Communications avec la métropole.

L'affranchissement des lettres de France à la Guyane est de 0 fr. 25.

Le tarif des colis postaux de France à Cayenne est 2 fr. 50.

La Guyane française n'est pas reliée au réseau télégraphique international ; les télégrammes doivent être adressés à Démérari (Guyane anglaise), d'où ils sont expédiés par paquebots sur Cayenne.

Prix du mot de France à Démérari : 18 fr. 50, auxquels il faut ajouter 1 fr. 25 pour transport postal du télégramme.

Les communications de la Guyane avec l'Europe ont lieu par voie française, voie anglaise ou voie hollandaise.

Voie française	Départ de Saint-Nazaire le 10 de chaque mois.
	Arrivée à Fort-de-France (Martinique) le 23.
	Départ de Fort-de-France le 11 de chaque mois.
	Arrivée à Saint-Nazaire le 25 —

Service annexe de Fort-de-France à Cayenne :

Départ de Fort-de-France le 24, arrivée à
- Démérari le 28.
- Surinam le 29.
- Cayenne le 30.

Départ de Cayenne le 3 de chaque mois, arrivée à
- Surinam le 4.
- Démérari le 5.
- F.-de-France le 10.

Voie anglaise
- Départ de Southampton tous les 14 jours.
- Arrivée à Démérari 15 jours après.

Voie hollandaise
- Départ d'Amsterdam le 12 de chaque mois.
- Arrivée à Surinam 18 jours après.
- Départ de Surinam le 24 de chaque mois.
- Arrivée à Amsterdam 18 jours après.

Prix du passage de Saint-Nazaire à Cayenne
- 1re classe : 1.000 fr.
- 2e — 900
- 3e — 800
- Entrepont : 300

ANTILLES FRANÇAISES

L'archipel des petites Antilles, composé d'environ 150 îles ou îlots, forme un immense arc de cercle, dont la concavité est tournée au S.-O., vers la mer des Caraïbes, et la convexité au N.-E., vers l'océan Atlantique. Cet archipel, dont la longueur est d'environ 1.100 kilomètres, s'étend de l'île espagnole de Porto-Rico aux côtes de l'Amérique du Sud.

La France a occupé et colonisé une grande partie de ces îles ; elle ne possède plus actuellement dans les Antilles que la Martinique, la Guadeloupe, avec ses dépendances immédiates (la Désirade, Marie-Galante, les Saintes), Saint-Barthélemy, et la moitié de Saint-Martin.

Ces îles, en dehors de leur importance commerciale considérable, constituent, pour les escadres françaises, des points de ravitaillement précieux, et une base d'opération très sûre.

MARTINIQUE

Géographie physique. — Limites. — Superficie. Nature et configuration du sol.

La Martinique est située, par le 14° 20′ de latitude nord, et le 63° 20′ de longitude ouest, à 7.000 kilomètres environ des côtes. Elle a été découverte en 1502, par Christophe Colomb, et occupée par la France en 1635.

Cette île, de formation volcanique, a 70 kil. de long, sur une largeur moyenne de 30 kil. ; sa superficie est de 100.000 hectares. Elle est traversée du nord au sud par une chaîne de montagnes, qui jette, à l'est et à l'ouest, de nombreux contreforts, et forme ainsi des vallées profondes, sillonnées par des torrents. Ces torrents n'ont pas ordinairement beaucoup d'eau ; mais, dans la saison des pluies, ils deviennent très dangereux et causent beaucoup de ravages.

Les montagnes sont couvertes de forêts épaisses ; le pic le plus élevé, la montagne Pelée, atteint 1.350 mètres.

Presque partout, le sol est argilo-calcaire ; le sous-sol est formé de roches éruptives.

Les côtes de l'île, surtout dans la partie sud, sont découpées par des baies profondes.

Les principaux centres de population sont :

Fort-de-France, sur la côte occidentale, chef-lieu de l'île, sur une des plus belles, des plus sûres et des plus vastes rades des Antilles : bassin de radoub, quais et appontements, vastes ateliers de réparations appartenant à la Compagnie des Messageries maritimes ; hôtel du gouvernement, palais de justice, casernes, hôpitaux, cathédrale, dépôts de charbon ; 14.000 habitants ;

Saint-Pierre, sur la côte occidentale, centre du commerce de l'île, ne possède malheureusement qu'une rade foraine, dangereuse par les mauvais temps : quais et appontements, dépôts de charbon, jardin botanique ; 19.000 habitants.

La Martinique est divisée administrativement en 25 communes.

Population. — Races indigènes. — Religion.

La population de la Martinique, au 31 décembre 1887, était de 177.000 habitants. Il faut comprendre dans ce chiffre 500 Chinois, qui font le petit commerce, 13.500 Indiens et 6.000 Africains, employés à la culture des terres.

Ces immigrants indiens et africains contractent un engagement de cinq ans, et doivent un travail régulier moyennant un salaire qui dépasse rarement 15 à 20 fr. par mois. Ils sont nourris, logés, et ont droit aux soins médicaux. A l'expiration de leur engagement, ils sont rapatriés, s'ils le désirent.

La population fixe de l'île est constituée, en grande majorité, par les nègres émancipés en 1848 ; ils jouissent aujourd'hui des mêmes droits civils et politiques que les blancs.

La population caraïbe autochtone a complètement disparu.

La religion dominante est le culte catholique.

Productions du sol. — Mines. — Forêts.

Le sol et le climat de la Martinique permettent d'y entreprendre toutes les cultures des pays tropicaux. La plus importante de beaucoup est celle de la canne à sucre, qui couvre 28.000 hectares, c'est-à-dire un peu plus du quart de la superficie totale de l'île.

Les cultures vivrières viennent ensuite, et occupent 16.000 hectares, plantés en manioc, ignames, patates, bananes, haricots, maïs et autres racines ou légumes.

La culture du cacao couvre 800 hectares, et celle du café 200.

Le tabac, la vanille et le rocou sont à peu près abandonnés.

La canne à sucre est une plante herbacée à souche vivace de la famille des graminées — andropogonées ; ses tiges ont de 2 à 5 mètres de hauteur, et 3 à 4 centimètres de diamètre. Il en existe un grand nombre de variétés.

Cette plante paraît être originaire du Bengale ou de l'archipel Malais ; de là, elle s'est répandue en Perse, en Egypte, en Sicile, au sud de l'Espagne où on trouve encore des moulins à sucre, à Madère, aux Canaries et dans les Antilles.

Elle demande une température régulière dont la moyenne atteint au moins 20 degrés, de l'humidité et une lumière très vive. Il lui faut un terrain profond, frais, argileux, riche en soude et en potasse ; elle épuise rapidement le sol, et demande de la chaux et des engrais.

La canne se plante en boutures, à 30 centimètres l'une de l'autre ; la même souche donne trois années culturales de rejetons ; au bout de ce temps, elle s'épuise, et il faut l'arracher pour y substituer une bouture nouvelle ; la première récolte est la plus productive.

La culture de la canne demande beaucoup de soins ; il faut des sarclages fréquents ; cette opération se fait au moyen d'une sarcleuse traînée par un mulet, et, en même temps que les mauvaises herbes sont arrachées, la terre est buttée au pied de la souche. Les rats et les fourmis blanches endommagent souvent les plantations ; divers insectes sont aussi à craindre : la calandre, le procéra et le delphax.

On récolte les cannes quand elles ont pris une teinte violette ou dorée ; alors, on les coupe à 5 centimètres au-dessus du sol, et on les transporte au moulin. Un hectare produit en moyenne 40 à 50 mille kilogrammes de tiges, et comme ces tiges fermentent très rapidement, il devient indispensable de les porter sans perdre de temps à l'usine pour les écraser. C'est là une des grandes difficultés de cette culture. Les procédés d'écrasement des tiges laissent fort à désirer, car on extrait seulement 80 0/0 du jus ; il y a là une perte fort sensible que l'on cherche actuellement à éviter par de nouveaux procédés empruntés à la fabrication du sucre de betterave.

Le jus des tiges écrasées donne à l'analyse :

           Sucre.....................   0,20
           Cellulose, sels   0,10
           Eau.......................   0,70

Dès que la canne est écrasée, le jus, appelé vesou, est envoyé
dans des défécateurs, vastes cuves à double fond chauffées par
la vapeur, où il reçoit une petite quantité de chaux et de sulfite
de soude, afin de neutraliser les acides alcalins qu'il contient.
Les écumes et les résidus sont pressés, et tout le liquide passe
ensuite dans les filtres à noir. De là, il est envoyé dans des
chaudières dites à triple effet, chauffées par la vapeur, et où une
pompe fait le vide. La vapeur dégagée par l'ébullition du jus
dans la première chaudière sert à chauffer une seconde chaudière,
et la vapeur de celle-ci une troisième (de là le nom de triple-effet).
En sortant de la troisième chaudière, le jus a une consistance
sirupeuse ; il est encore passé au filtre et envoyé dans la machine
à cuire, vaste cuve où le sirop, chauffé par la vapeur, est porté
à l'ébullition dans le vide. Dans la machine à cuire, la cristalli-
sation s'opère, et le tout forme une pâte épaisse, composée de
cristaux de sucre et de sirop, qui est, après refroidissement,
passée aux turbines, où les deux parties se séparent.

Le sirop, qui contient encore du sucre cristallisable, est recuit,
et on obtient de cette façon jusqu'à trois jets de sucre.

Formule du sucre cristallisable : $C^{12} H^{12} O^{11}$.

Les sirops, résidus du troisième jet, ou mélasses, qui ne contiennent plus que de la glucose, sont soumis à la fermentation
au moyen de levures, puis additionnés de chaux pour neutraliser
la fermentation acétique, et enfin distillés dans des alambics.
L'alcool obtenu ainsi porte le nom de tafia. L'alcool résultant de
la fermentation et de la distillation directes du jus de canne ou
vesou est plus apprécié. Il porte le nom de rhum.

On compte actuellement à la Martinique 510 habitations su-
crières ; 83 de ces habitations possèdent des moulins à vapeur.
En 1886, la production du sucre a été de 53.000 tonnes ; on a
obtenu, en outre, 25.000 hectolitres de tafia, dont une partie, il

est vrai, provient de la distillation des sucres ou mélasses des
îles voisines.

Mines. — On ne connaît pas de mines à la Martinique. Il y a
des carrières de calcaires et beaucoup d'argile.

Forêts. — On compte 35.000 hectares en savanes et en forêts.
Le manque de rivières navigables rend fort coûteuse l'exploitation
des forêts en montagnes ; cette source de richesses reste donc im-
productive, et la Martinique tire tous ses bois de construction de
l'Amérique du Nord.

Industrie. — Commerce. — Navigation.

Les deux seules industries de la Martinique sont la fabrication
du sucre et celle du rhum.

Il existe 17 usines centrales à sucre qui appartiennent en général à des Sociétés anonymes, et qui achètent les cannes à l'habitant d'après des contrats établis pour plusieurs années. Beaucoup
d'habitations fabriquent elles-mêmes leur sucre sans avoir recours
aux usines centrales ; elles doivent, dans ce cas, posséder un
bon outillage.

Le nombre des distilleries est très considérable ; on y traite
non seulement les mélasses de la colonie, mais encore une grande
partie de celles des îles voisines. En 1886, il avait été importé
140.000 hectolitres de mélasses, qui ont été transformés en tafia ;
mais à la suite de l'établissement de droits à l'importation des
sirops exotiques, cette industrie, nuisible à l'intérêt des autres
colonies, et même de l'agriculture de la colonie, a perdu un peu
de son importance, et, en 1887, il n'a plus été introduit à la Martinique que 89.000 hectolitres de mélasses.

Il y a encore à la Martinique quelques tonnelleries, des tanneries
et des briqueteries. Ces industries alimentent seulement la consommation locale, et ne fournissent rien à l'exportation.

Tableau du commerce de la Martinique en 1887.

1° COMMERCE ENTRE LA FRANCE ET LA MARTINIQUE

Importations de France pour la colonie.................... 7.109.736f
Exportations de la colonie en France.................... 18.333.251 } 25.442.987f

2° COMMERCE DE LA MARTINIQUE AVEC LES AUTRES COLONIES ET PÊCHERIES FRANÇAISES

Importations des colonies et pêcheries françaises............ 1.276.107f

Exportations pour les autres colonies et pêcheries françaises.
- Denrées et marchandises de la colonie. 8.628f
- Denrées et marchandises provenant de l'importation..... Françaises. 116.257f / Étrangères. 177.514 } 293.771 } 302.399 } 1.578.506

3° COMMERCE DE LA MARTINIQUE AVEC L'ÉTRANGER

Importations en marchandises étrangères.
- Par navires français. Des entrepôts de France. 1.479.500f / De l'étranger directement. 1.270.492 } 3.749.992f
- Par navires étrangers. Des entrepôts de France. 480.273 / De l'étranger directement. 11.845.342 } 12.325.615 } 15.075.607f

Exportations pour l'étranger.
- Denrées et marchandises de la colonie. 1.163.840
- Denrées et marchandises provenant de l'importation..... Françaises. 350.609f / Étrangères. 709.031 } 1.059.640 } 2.223.480 } 17.299.087

Total général..... 44.320.580f

Les principaux articles d'importation sont :

Animaux, produits et dépouilles d'animaux....... 1.800.000 fr.
Beurre salé................................... 480.000
Engrais...................................... 630.000
Morue (provenant de Saint-Pierre-Miquelon)...... 1.300.000
Farine de froment............................. 2.144.000
Riz (venant de Pondichéry).................... 946.000
Légumes secs................................. 227.000
Sucre raffiné................................ 197.000
Mélasse...................................... 1.675.000
Café 189.000
Tabac.. 250.000

Huile......................................	1.000.000 fr.
Bois de construction......................	384.000
Houille...................................	1.600.000
Pétrole...................................	160.000
Produits chimiques pour engrais...........	860.000
Savons....................................	245 000
Bougie....................................	209.000
Vins et bière.............................	1.600.000
Eaux-de-vie et liqueurs...................	400.000
Tissus (surtout d'origine anglaise).......	1.900.000
Machines et instruments aratoires.........	290.000
Futailles vides...........................	379.000

Les principaux articles d'exportation sont :

Sucres	10.645.000
Rhums et tafias...........................	5.400.000
Cacao	585.000

Le commerce se fait comme à la Guadeloupe par l'intermédiaire de commissionnaires-consignateurs. (Voir page 212.)

Tableau de la navigation en 1887.

Entrées	338 bâtiments français jaugeant........		226.000 T
	527 — étrangers —		145.000 T
Sorties	342 — français —		227.000 T
	520 — étrangers —		148.000 T
Prix du fret	pour France...............	45 à	50 fr. la T
	» New-York................	20 à	25 —
	» la Guyane française.......		50 —
	» la Guadeloupe et Sainte-Lucie..		10 —

Situation monétaire. — Banque. — Budget.
Conditions de l'existence.

La situation monétaire est bonne ; à côté des monnaies françaises, on trouve les monnaies d'or des Etats-Unis, d'Angleterre, du Mexique et d'Espagne.

Banque. — La banque de la Martinique a été créée en 1853 au capital de 3 millions de francs. Ses opérations consistent à :

Escompter les effets à deux signatures ;

Prêter sur titres, sur matières d'or et d'argent, sur marchandises et récoltes pendantes ;

Emettre des billets à vue et au porteur (de 25, 100 et 500 fr.).

Le taux de l'escompte varie de 7 à 9 0/0.

Les actionnaires ont touché en moyenne 11,5 0/0 depuis la création de la banque en 1853.

Le budget de la Martinique se solde en recettes et en dépenses pour la somme de 4.580.000 fr.

Conditions de l'existence. — La vie est fort chère pour les personnes qui conservent à la Martinique les habitudes de l'Europe. Les logements sont d'un prix élevé et l'alimentation est coûteuse. Nous renvoyons pour les prix à ceux que nous donnons ci-dessous (page 216) à l'article Guadeloupe ; ils sont sensiblement les mêmes.

Le petit commerce est entre les mains des Chinois et des mulâtres ; il n'y a rien à essayer de ce côté. Les petites industries ont suffisamment de bras ; les européens ne peuvent pas cultiver la terre ; il n'y a donc pas de place à la Martinique pour l'immigration européenne.

Climat. — Météorologie. — Hygiène.

La température est fort élevée à la Martinique, car elle atteint en moyenne 26° 6 centigrades ; c'est le climat de Calcutta. La saison la plus chaude (juin, juillet, août, septembre et octobre), appelée l'hivernage, est accompagnée de pluies torrentielles ; il tombe en moyenne 2 m. 30 d'eau par an. Les vents du sud sont dominants pendant l'hivernage et ceux du nord pendant la saison sèche.

La Martinique a été plusieurs fois ravagée par des ouragans ou cyclones venant ordinairement du sud ; ces ouragans causent des désastres inouïs.

La pression barométrique moyenne est de 0,761. Les jours les plus longs sont de 13 heures et les plus courts de 11.

Les marées sont à peine sensibles.

Hygiène. — Les Européens supportent difficilement le climat de la plaine ; ils ont à redouter les fièvres paludéennes, les maladies du foie et les insolations ; dans les montagnes le climat est plus sain.

Les règles d'hygiène sont celles que nous avons données pour tous les pays chauds ; nous ne les reproduirons pas.

Routes et travaux publics. — Instruction publique.

La Martinique est pourvue d'un bon réseau de routes ; elles atteignent un développement de 500 kilomètres et la colonie dépense tous les ans 750.000 fr. pour la construction et pour l'entretien des voies de communication. Elle dépense en outre 200.000 fr. pour le service du port. Il n'y a pas de travaux neufs importants en projet ou en voie d'exécution.

Instruction publique. — Le budget de l'instruction publique atteint le chiffre élevé de 970.000 fr. Il y a à Saint-Pierre un lycée et une école normale de filles, à Fort-de-France une école normale de garçons et dans chaque commune des écoles pour les deux sexes.

Postes. — Télégraphes.
Communications avec la métropole.

La taxe d'affranchissement des lettres est de 0 fr. 25 pour la Martinique et pour la Guadeloupe.

Le tarif des colis postaux est de 2 fr. 50 pour chacune de ces deux colonies.

La Martinique et la Guadeloupe sont reliées au réseau télégraphique international par le câble d'une compagnie anglaise qui, ayant son origine dans la Guyane anglaise, touche aux principales Antilles et rejoint ensuite les lignes télégraphiques des Etats-Unis.

La taxe du mot, de France à la Martinique, est de 14 fr. 70.

—   —   Guadeloupe   —   14   30

Plusieurs lignes de paquebots français relient la métropole et les Antilles.

Départ de Saint-Nazaire le 10 de chaque mois et arrivée à { la Pointe-à-Pitre (Guadeloupe) le 22. Fort-de-France (Martinique) le 23.

Départ de { Fort-de-France le 11, la Pointe-à-Pitre le 12, } Arrivée à Saint-Nazaire le 25.

Départ { du Havre le 22, de Bordeaux le 24, } arrivée à { la Pointe-à-Pitre le 9. Fort-de-France le 10.

Départ de { Fort-de-France le 1er, la Pointe-à-Pitre le 2, } arrivée à { Bordeaux le 15. au Havre le 18.

Départ de Marseille le 2, arrivée à { Fort-de-France le 22. la Pointe-à-Pitre le 24.

Départ de { la Pointe-à-Pitre le 10, Fort-de-France le 12, } arrivée à Marseille le 30.

Prix des places : { 1re classe... 900 fr.
2e   —   ... 800
3e   —   ... 750
Entrepont.. 300

En outre, une ligne de paquebots anglais part tous les 14 jours de Southampton pour arriver 14 jours après à la Martinique et 15 jours après à la Guadeloupe.

Il y a des communications fréquentes et régulières entre la Martinique, la Guadeloupe, Porto-Rico, Cuba, la Jamaïque, Sainte-Lucie, la Trinité, les Guyanes anglaise et hollandaise, le Mexique et les Etats-Unis.

GUADELOUPE

Géographie physique. — Limites. — Superficie. Nature et configuration du sol.

L'île de la Guadeloupe est située à peu près au centre de l'archipel des petites Antilles, par le 16° de latitude nord et le 64° de longitude ouest. Elle est à 150 kilomètres au nord de la Martinique, dont elle est séparée par l'île anglaise de la Dominique.

La Guadeloupe a été découverte par Christophe Colomb dans son second voyage, en 1493, et occupée par les Français en 1635.

Cette île est divisée en deux parties, absolument distinctes, par un bras de mer que les premiers colons ont appelé rivière Salée, parce que son lit n'est pas plus grand que celui d'une rivière, et qu'il n'est navigable que pour les bâtiments d'un très faible tonnage. Sa largeur varie de 30 à 120 mètres.

La partie située à l'ouest de ce canal naturel est désignée sous le nom de Guadeloupe, et celle qui s'étend à l'est sous celui de Grande-Terre.

Guadeloupe. — Cette île a la forme d'un ovale irrégulier, dont le grand axe est orienté nord-sud. Elle a 50 kilomètres de long sur 20 de large ; sa superficie est de 65.000 hectares. Elle a été constituée par quatre foyers volcaniques ; celui de la Soufrière (1.485 mètres) est toujours en activité.

Une chaîne de montagnes la traverse du nord au sud, en se rapprochant de la côte occidentale ; cette chaîne est formée de roches éruptives, de basaltes, et, sur quelques points, elle est recouverte de tuf calcaire. Le versant occidental est très accidenté ; la côte présente quelques abris, et offre d'assez bons mouillages. Le versant oriental est plus plat ; sur beaucoup de points, les terres s'abaissent jusqu'à la mer en plaines doucement ondulées, et se terminent par des marécages. Il s'y trouve peu de bons mouillages.

De nombreux ravins descendent des montagnes ; ils ont beaucoup d'eau pendant l'hivernage, mais aucun d'eux n'est navigable.

Principaux centres de population :

La Basse-Terre, 7.600 habitants, chef-lieu de la colonie, siège du gouvernement local et de toutes les administrations : cour d'appel, évêché, chambre de commerce, jardin botanique ; rade ouverte et peu sûre ;

Le Lamentin ;

La Capesterre.

La Guadeloupe est divisée en 16 communes.

Grande-Terre. — Cette île a la forme d'un triangle équilatéral, dont une des pointes est au nord, l'autre à l'ouest, et la troisième à l'est. Sa plus grande dimension est de 45 kilomètres ; sa superficie est de 45.000 hectares. Le sol est disposé en terrasses hérissées de mamelons ou mornes boisés ; quelques ravins serpentent entre des berges élevées ; ils sont le plus souvent à sec ; mais on trouve de nombreuses sources qui se perdent avant d'arriver à la mer et forment de vastes marécages.

La Grande-Terre est de formation calcaire sur un sous-sol de roches éruptives ; ce terrain constitue une assise très puissante de 4 à 500 mètres d'épaisseur. Les côtes sont assez découpées, mais on n'y trouve que deux bons ports : la Pointe-à-Pitre et le Moule.

Principaux centres de population :

La Pointe-à-Pitre, 17.800 habitants : tribunal de première instance, chambre de commerce, lycée, casernes, hôpital militaire ; port vaste et sûr ;

Le Moule, 5.000 habitants : belles et importantes usines à sucre ;

Saint-François ;

Port-Louis.

La Grande-Terre compte 10 communes.

1º *La Désirade*, à 10 kiloméres de la Grande-Terre, et de même formation qu'elle ; 12 kil. de long sur 3 de large ; sol accidenté, sablonneux et aride ; une commune ; 3.000 hectares.

2º *Marie-Galante*, à 25 kilomètres de la Grande-Terre. Ile de forme circulaire ; terrains calcaires ; mornes de 200 mètres de hauteur ; 12 kil. de diamètre ; sol sablonneux et assez fertile ; trois communes ; 12.000 hectares.

3º *Les Saintes*, groupe de sept îlots, dont les principaux sont la Terre-d'En-Bas et la Terre-d'En-Haut, à 10 kil. au sud de la Guadeloupe, et de formation volcanique comme elle ; sol montagneux et aride ; 2 communes ; 1.500 hectares ; rade très sûre.

4º *Saint-Barthélemy*, à 200 kilomètres au nord de la Guadeloupe, dont elle est séparée par les îles de Montserrat, Névis et Saint-Christophe, appartenant à l'Angleterre ; 2.000 hectares ; côtes découpées, mais dangereuses ; sol sablonneux, presque dépourvu d'eau ; une commune.

5º *Saint-Martin*, à 20 kilomètres au nord-ouest de Saint-Barthélemy. La France ne possède que la partie nord de cette île ; la partie sud appartient à la Hollande. Sol léger, pierreux et cependant fertile ; côtes très poissonneuses. L'île a de l'eau en abondance ; il s'y trouve beaucoup d'étangs, de lagunes et de marais-salants. Mornes de 600 mètres de hauteur ; 5.000 hectares.

Population. — Races indigènes. — Religion.

La population, au 31 décembre 1887, se décomposait ainsi qu'il suit :

Guadeloupe	71.512 habitants.
Grande-Terre	87.587
Désirade	1.344
Marie-Galante	13.744
Les Saintes	1.899
Saint-Barthélemy	2.656
Saint-Martin	3.446
ENSEMBLE	182.188 habitants.

Sur ce total, on compte environ 16.000 immigrants, venant presque tous de l'Inde anglaise. Ces Indiens contractent un engagement de cinq ans, pendant lesquels ils doivent un travail régulier, moyennant un salaire fixé : pour les hommes, à 12 fr. 50 par mois ; pour les femmes, à 10 fr. ; et pour les enfants au-dessous de quatorze ans, à 5 fr. Ils sont nourris, logés, et ont droit aux soins médicaux. A l'expiration de leur engagement, ils peuvent, s'ils le veulent, souscrire un nouvel engagement, ou être rapatriés aux frais de la colonie, ou encore s'y fixer sans contrat, avec l'autosisation du gouvernement. Dans ce dernier cas, ils reçoivent une prime représentant les frais de leur retour.

Le reste de la population se compose :

1º De la descendance des blancs qui sont venus s'y fixer à l'époque de la colonisation ;

2º Des noirs provenant presque tous de la côte occidentale d'Afrique, qui vivaient sur les habitations à l'état d'esclaves et qui ont été émancipés en 1848 ;

3º Des métis provenant du croisement des deux races ci-dessus.

Les noirs sont de beaucoup les plus nombreux ; ils jouissent des mêmes droits politiques que les blancs.

Les habitants professent presque tous la religion catholique. Les Indiens sont bouddhistes.

Il ne reste plus dans l'île aucune trace de la population autochtone, qui portait le nom de Caraïbes.

Productions du sol. — Mines. — Forêts.

On cultive à la Guadeloupe la canne à sucre, le caféier, le rocouyer, le manioc, le cacaoyer, le cotonnier, le vanillier, le tabac, le maïs, plusieurs racines tuberculeuses et, depuis quelque temps, la ramie.

Canne à sucre. — Cette culture couvre plus de la moitié du sol cultivé : environ 23.000 hectares. Pour la culture de la canne et la fabrication du sucre, nous renvoyons le lecteur au chapitre consacré à la Martinique.

Caféier. — Cette culture s'étend sur 3.000 hectares. Nous renvoyons au chapitre concernant l'île de la Réunion.

Vanillier. — Même observation que ci-dessus.

Rocouyer. — 650 hectares sont employés à cette culture. Le rocouyer est un arbuste dont les graines réduites en pâte donnent une belle teinture rouge. La culture de cet arbuste est facile ; on fait deux récoltes par an et les seules opérations sont la cueillette, l'égrenage des gousses et l'écrasement des graines : la découverte des couleurs d'aniline a fait un tort considérable à la culture du rocouyer. Depuis quelque temps il y a une reprise due à la supériorité de la teinture de rocou au point de vue de la durée et de la résistance.

Cacao. — Le cacaoyer est un arbre de la famille des malvacées, originaire du Mexique ; il atteint 6 ou 8 mètres. Le fruit est une baie de 15 à 20 centimètres de long qui contient les fèves appelées cacao. Les graines ou fèves de cacao donnent des plants qui sont repiqués à l'âge de 6 mois dans des terrains humides et ombragés. Ces plants commencent à produire au bout de 5 ans.

L'arbre, qui dure 25 à 30 ans, donne des fleurs et des fruits en toute saison ; aussi, la récolte est faite à toute époque à mesure que le fruit mûrit. Les graines doivent être desséchées à l'air sec ; elles perdent alors plus de la moitié de leur poids.

Les cacaos les plus estimés sont ceux de Venezuéla. Ceux de la Guadeloupe et de la Martinique le sont beaucoup moins, et cela tient en partie au mode défectueux d'emballage ; on se sert en effet de barils alors qu'il serait préférable d'employer des sacs afin que la dessiccation continue en route.

La culture du cacaoyer occupe 930 hectares.

Manioc. — Cette plante n'entre pour aucune part dans l'exportation, mais, la farine de manioc constituant la base de l'alimentation des habitants, sa culture n'occupe pas moins de 5.500 hectares. Pour obtenir la farine de manioc on enlève l'écorce des racines, on râpe ces racines et on presse fortement la masse pulpeuse pour en extraire le jus ; cette pâte est ensuite cuite à un feu lent et prolongé.

La farine de manioc non cuite est un poison violent; après cuisson elle ne présente plus aucun danger.

On cultive encore aux Antilles le cotonnier, mais sur un espace très restreint et jusqu'à présent sans bénéfices. Le tabac, le maïs, l'igname, la patate réussissent fort bien; on vient d'essayer la culture de la ramie, mais elle ne pourra prendre d'extension qu'après l'invention de bons procédés de décorticage.

Mines. — On ne connaît aucun gisement de minerai à la Guadeloupe, mais seulement sur quelques points du rivage des dépôts de sable contenant beaucoup de peroxyde de fer; il n'est pas exploité. Il y a de bonnes carrières de pierres tendres dans la commune de Sainte-Anne. Enfin à la Guadeloupe proprement dite on trouve plusieurs sources d'eaux chaudes sulfureuses et ferrugineuses.

Forêts. — Dans la Guadeloupe et ses dépendances il existe 17.000 hectares de landes et savanes et 40.000 hectares de bois et forêts d'essences très variées, mais en général de dimensions moyennes.

Le manque de routes et de rivières flottables en rend l'exploitation fort difficile, aussi la majeure partie des bois de construction vient de l'Amérique du Nord.

Industrie. — Commerce. — Navigation.

Les principales industries sont la fabrication du sucre et celle des rhums et tafias.

On compte 606 habitations-sucreries dont :

    87 possèdent des usines à vapeur force motrice,
    49   —   —   à   eau   —
    53   —   —   à   vent   —
     5   —   —   à   animaux   —
    10 sont des usines centrales sans plantations,
    402 ont des plantations sans force motrice.

Les usines centrales achètent les cannes aux plantations sans usine. La grande difficulté est le transport rapide des tiges au moulin, car une fois coupées elles fermentent rapidement.

Il faut un capital très considérable pour monter une usine centrale, au moins un million, et les bénéfices sont très aléatoires en raison des brusques variations des sucres en Europe et aux Etats-Unis.

La fabrication du rhum se fait dans l'usine qui fabrique le sucre; il n'existe pas à la Guadeloupe de distilleries achetant les bas produits des sucreries pour les transformer en tafia comme cela se pratique à la Martinique où cette industrie donne de beaux bénéfices.

Il existe une petite fabrique de chocolat, mais cette industrie n'a aucun avenir en raison des droits de douane qui à l'entrée en France frappent les 100 kil. de cacao de 104 fr. et les 100 kil. de chocolat fabriqué de 135 fr.

Il y a plusieurs tanneries, briqueteries et tuileries et des salines assez prospères à Saint-Martin.

L'industrie de la pêche est assez importante, particulièrement celle de la baleine entre la Guadeloupe et les îles qui l'entourent; cette pêche n'est pratiquée que par des bâtiments américains; elle donne des résultats fructueux qui font regretter que l'île n'arme pas pour la pêche de la baleine.

Le décorticage du café et la préparation du rocou emploient un assez grand nombre de bras dans chaque habitation, mais il n'y a pas d'usines appliquées spécialement à ces industries.

Il existe encore quelques tonnelleries assez prospères, mais le plus habituellement les usiniers font venir leurs barriques d'Europe, en bottes, et les font remonter sur place.

Le commerce se fait par l'intermédiaire de commissionnaires-consignataires qui font pour le compte des fabricants les expéditions de sucre et de rhum en France ou aux Etats-Unis. Ils emmagasinent les marchandises et s'occupent de l'affrétement et de l'embarquement.

Les consignataires-commissionnaires reçoivent des cargaisons en consignation pour le compte des importateurs, ils vendent les marchandises et perçoivent de ce chef une commission. Parfois eux-mêmes reçoivent des chargements pour leur propre compte. En somme le consignataire est négociant en gros ; il vend de l'épicerie, des planches, des barriques, des tissus, des vins, etc... Il fait crédit aux détaillants des villes et des campagnes. Pour exercer ce commerce il est nécessaire de posséder une capital variant de 25.000 à 100.000 fr. Cette première mise permet d'obtenir en banque un crédit suffisant pour faire face au mouvement d'affaires.

Les marchands au détail forment deux catégories ; l'une qui reçoit de l'intérieur diverses marchandises telles que toiles, confections, chaussures, parfumerie, articles de Paris, bijouterie, quincaillerie, etc... et qui les vend au public ; et l'autre presque exclusivement consacrée aux articles d'épicerie sert d'intermédiaire entre le commissionnaire-consignataire et le consommateur.

Les uns et les autres doivent posséder un capital assez élevé ; les seconds surtout ; à ce capital s'ajoute le crédit que font soit les commissionnaires d'Europe ou des Etats-Unis, soit les marchands en gros de la Colonie.

En général les commissionnaires de Paris prélèvent pour leurs achats : 1º une remise variant de 10 à 25 0/0 faite par le fabricant ; 2º une commission de 5 0/0 sur le montant brut des factures ; 3º un intérêt de 6 0/0 et un escompte de 3 0/0 sur le montant des sommes qu'ils avancent. Le prix de la marchandise est donc grossi du fait de l'intermédiaire d'au moins 15 0/0 au comptant et 25 0/0 à terme.

Les considérations qui précèdent s'appliquent à presque toutes nos colonies.

Tableau du commerce de la Guadeloupe en 1887.

1º COMMERCE ENTRE LA FRANCE ET LA GUADELOUPE

Exportations de France pour la colonie....................	9.391.121 f	30.314.367 f
Importations de la colonie en France.....................	20.923.246	

2° COMMERCE DE LA GUADELOUPE AVEC LES AUTRES COLONIES ET PÊCHERIES FRANÇAISES

Importations des colonies et pêcheries françaises............ 1.283.864 f

Exportations pour les autres colonies et pêcheries françaises.
- Denrées et marchandises de la colonie.. 143.061 f
- Denrées et marchandises provenant de l'importation ....
  - Françaises... 101.417 f
  - Etrangères... 52.583
  - } 154.000
- } 297.061

} 1.580.925

3° COMMERCE DE LA GUADELOUPE AVEC L'ÉTRANGER

Importations en marchandis. étrangères.
- Par navires français.
  - Des entrepôts de France. 1.563.383 f
  - De l'étranger directement. 1.182.777
  - } 2.746.160 f
- Par navires étrangers.............. 7.166.139

} 9.912.299 f

Exportations pour l'étranger.
- Denrées et marchandises de la colonie. 873.953
- Denrées et marchandises provenant de l'importation.....
  - Françaises. 55.276 f
  - Etrangères. 10.117
  - } 65.393
- } 939.346

} 10.851.645

Total général.............. 42.746.937 f

DÉTAIL DES IMPORTATIONS PAR NATURE DE MARCHANDISES :

Animaux vivants.	1.060.000
Farineux aliment. (froment, riz, avoine, légumes secs).	3.505.000
Pêche (surtout morue).	1.256.000
Denrées coloniales de consommation.	398.000
Huiles et sucs végétaux	773.000
Bois de construction et planches	470.000
Houilles.	759.000
Métaux et ouvrages en métaux	2.063.000
Engrais chimiques	1.147.000
Boissons.	1.563.000
Tissus.	1.514.000
Meubles et ouvrages en bois.	503.000
Peaux et pelleteries ouvrées.	571.000
Pétrole	210.000
Viandes salées.	251.000
Fromages	112.000

Graisse et suif 510.000
Beurre salé. 505.000
Engrais animaux. 580.000

DÉTAIL DES EXPORTATIONS PAR NATURE DE MARCHANDISES :

Sucres 18.715.000
Cacao en fèves 183.000
Rocou 370.000
Rhums et tafias 1.019.000
Café 748.000
Monnaie d'argent. 382.000

Tableau de la navigation en 1887.

Entrées. { 319 bâtiments français jaugeant......... 221.000 T
{ 204   —   étrangers   — 57.000

Sorties.. { 303 bâtiments français   —   .... 218.000 T
{ 203   —   étrangers   — 57.000

Le port de la Pointe-à-Pitre entre pour les 9/10 dans le mouvement de la navigation.

Prix du fret { pour France . . . . . . 45 à 50 fr.
{ » New-York. . . . 20 à 25 fr.
{ » la Martinique. . . . . 10 fr.

Situation monétaire. — Banque. — Budget.
Conditions de l'existence.

La situation monétaire est bonne ; la monnaie française a seule cours légal ; on trouve cependant, dans la circulation, des dollars américains, des piastres et des doublons mexicains.

La banque de la Guadeloupe a été créée à la même époque et de la même manière que celles de la Martinique et de la Réunion ; son organisation et ses statuts sont les mêmes.

Cette banque date de 1853 et son capital est resté fixé à 3.000.000 fr. Ses opérations consistent à :

Escompter les effets à deux signatures ;

Prêter sur marchandises en magasin et sur récoltes pendantes ;

Emettre des billets à vue et au porteur.

Le taux de l'escompte varie de 7 à 9 0/0.

Budget. — Le budget de la Guadeloupe se solde, en recettes et en dépenses, par la somme de 4.160.000 francs.

Conditions de l'existence. — Il n'y a plus d'immigration européenne à la Guadeloupe, à l'exception de quelques mécaniciens pour les grandes usines.

Les géreurs, employés dans les habitations, sont pris dans le pays même, parce qu'ils sont acclimatés.

La petite industrie a suffisamment d'ouvriers indigènes, et ils sont d'ailleurs assez habiles. Leur salaire varie de 3 à 5 francs par jour (maçons, menuisiers, charpentiers, charrons, serruriers, etc.); il ne pourrait suffire à l'Européen, qui a beaucoup plus de besoins que le noir et le mulâtre.

Le petit commerce est entre les mains des noirs et des métis. Il donne d'ailleurs d'assez médiocres bénéfices depuis l'introduction des colis postaux.

Enfin, la culture de la terre est absolument interdite à l'Européen ; c'est dire que son rôle à la Guadeloupe, comme dans presque toutes nos colonies, ne peut être que surveillance ou direction d'entreprises commerciales ou industrielles.

La vie est chère ; la viande de bœuf vaut habituellement 2 fr. 20 le kilog. ; le mouton est plus cher, le porc l'est moins ; le poisson frais vaut 1 fr. 20 le kilog. ; le poisson salé, 0 fr. 80 ; le pain est assez cher ; la volaille est abondante ; le vin coûte 150 à 160 fr. la barrique.

Les vêtements, habituellement de laine ou de toile légère, sont peu coûteux ; la chaussure est chère.

Les vivres du pays, manioc, patates, ignames, etc., sont abondants et très bon marché, mais ne constitueraient pas pour l'Européen une alimentation suffisante.

Les loyers sont assez chers : les prix varient suivant la localité. A la Pointe-à-Pitre, une petite maison de cinq à six pièces coûte 1.500 francs. Sur les habitations, tous les employés et ouvriers sont logés par le propriétaire.

Climat. — Météorologie. — Hygiène.

La Guadeloupe étant située par le 16e degré de latitude nord, la température y est fort élevée : la moyenne est de 26° centigrades. Deux saisons partagent l'année : l'une, plus fraîche et plus sèche, de décembre à mai ; l'autre, plus chaude et plus humide, de juin à novembre. Il tombe des quantités énormes d'eau pendant les mois de juillet, août et septembre ; on a vu tomber jusqu'à 18 millimètres d'eau en vingt-quatre heures.

Les Antilles sont quelquefois ravagées par des ouragans terribles, qui renversent les arbres et les maisons, détruisent les récoltes et jettent les navires à la côte. Pendant ces ouragans, on a vu le baromètre baisser de 36 millimètres. Le dernier, et un des plus désastreux, a eu lieu le 6 septembre 1865.

Les jours les plus longs sont de 13 heures, et les plus courts de 11.

Hygiène. — La partie montagneuse de la Guadeloupe est assez saine ; l'air y est vif, et la chaleur supportable. Sur les côtes, les détritus végétaux s'amoncellent, se mélangent aux eaux des torrents et à celles de la mer, se décomposent et forment des foyers pestilentiels.

Il y a à redouter les insolations, les fièvres paludéennes, les maladies du foie et quelquefois la fièvre jaune.

Les règles d'hygiène sont celles données précédemment et prescrites pour tous les pays chauds.

Routes et travaux publics. — Instruction publique.

Les voies de communication sont assez nombreuses et convenablement entretenues. A la Guadeloupe et à la Grande-Terre, les principales sont celles qui font le tour de ces îles en suivant la côte d'assez près. Il en est de même à Marie-Galante.

Plusieurs usines ont des chemins de fer industriels qui transportent les cannes des lieux de production aux centres de fabrication ; un de ces chemins, qui va de la Pointe-à-Pitre au Morne-à-l'Eau, a 10 kilomètres de long.

La longueur totale des routes coloniales est de 335 kilomètres.

Instruction publique. — Il y a à la Pointe-à-Pitre un lycée, qui compte 200 élèves, une école normale de garçons, une école professionnelle et un petit séminaire.

L'île et ses dépendances comptent 49 écoles primaires de garçons et 46 écoles de filles.

Le budget de l'instruction publique est de 843.000 francs.

Postes. — Télégraphes.
Communications avec la métropole.

Pour tous ces renseignements, le lecteur est prié de se reporter à l'article concernant la Martinique.

ILES SAINT-PIERRE ET MIQUELON

Les îles Saint-Pierre et Miquelon sont situées, dans l'Océan Atlantique, par 46° 30' de latitude nord, et 58° 30' de longitude ouest, au sud de l'île de Terre-Neuve, dont elles ne sont séparées que par une quarantaine de kilomètres. Miquelon est divisée en deux presqu'îles, qui portent le nom de Grande et de Petite Miquelon, réunies par un isthme très étroit qui est submergé dans les grandes mers. Saint-Pierre est situé à 5 kilomètres au sud de Petite Miquelon.

Les côtes de ces îles sont presque partout escarpées et taillées à pic ; beaucoup d'îlots et de rochers s'en détachent et rendent l'atterrissage difficile ; en outre, des brumes très épaisses et très fréquentes s'étendent sur cette portion de l'Atlantique, et augmentent encore les difficultés de la navigation.

Le sol est rocailleux ; il est constitué surtout par des porphyres siliceux et par des schistes ardoisiers. Dans les dépressions se forment des tourbières et des étangs qui donnent naissance à une infinité de petits ruisseaux. La terre ne comporte pas d'autres cultures que les prairies et la culture maraîchère.

Bien que ces îles soient situées sous la même latitude que le centre de la France, la température y est beaucoup plus froide : elle est à peu près la même que celle de la Suède, mais bien plus humide. Ce n'est pas qu'il tombe des quantités très considérables de pluie ; mais les brumes persistent quelquefois pendant des mois entiers ; en outre, des neiges abondantes couvrent le sol pendant quatre ou cinq mois.

Les vents sont âpres, violents et persistants. Ils empêchent les

arbres de pousser, et on ne rencontre qu'une végétation rabougrie.
Le climat est donc fort désagréable ; il est cependant sain, et la
mortalité moyenne est celle de la France.

L'amplitude de la marée ne dépasse pas 2 mètres. Les orages
sont très rares. La pression barométrique est en moyenne de
0m,757.

SUPERFICIE ET POPULATION

Grande Miquelon....	12.000 hectares,	574 habitants.
Petite Miquelon.....	9.000 —	611 —
Saint-Pierre.........	3.000 —	4.744 —

Le seul centre important est la ville de Saint-Pierre, qui compte
4.744 habitants, dont la rade est sûre et le port pourvu de quais
et d'appontements. Il est question de curer et d'approfondir une
partie du port appelée le Barachois, et de ménager ainsi une
place beaucoup plus grande aux bâtiments de pêche qui, aujour-
d'hui, sont à l'étroit.

Au sud et à l'ouest des îles Saint-Pierre-Miquelon se trouvent
plusieurs plateaux sous-marins, qui ont été constitués par les
apports du Gulf-Stream et du courant polaire. Ces plateaux,
appelés Grand-Banc de Terre-Neuve, Banc de Saint-Pierre, Ban-
quereau, ont une surface ondulée, et sont à une profondeur qui
varie de 50 à 100 mètres. C'est là que se tient la morue, en bandes
innombrables, pendant une partie de l'année ; quand elle est
affamée, elle se porte le long des côtes de l'île de Terre-Neuve,
en quête de sa nourriture.

Il y a donc deux pêches : celle du banc et celle des côtes.

Les droits de pêche des Français sur les côtes de l'île de Terre-
Neuve, des îles adjacentes et dans le golfe du Saint-Laurent
datent du traité d'Utrecht, et ont été confirmés par les traités
ultérieurs. Ce droit est exclusif, mais il ne peut s'exercer que sur
une partie des côtes : à l'est, depuis le cap Saint-Jean jusqu'au
cap Bauld ; à l'ouest, dans le golfe du Saint-Laurent, du cap Bauld
au cap Raye ; c'est la moitié des côtes de l'île de Terre-Neuve.
Au droit de pêche est attaché celui d'établir à terre des habitations provisoires et des sécheries.

La pêche des Bancs peut être pratiquée par toutes les nations, mais n'est guère faite que par les Français et les Anglais.

Tous les ans, une flotte d'environ 500 bâtiments quitte au printemps les ports de France pour aller pêcher la morue sur les bancs ou sur les côtes de l'île de Terre-Neuve.

Ces bâtiments jaugent 90 à 200 tonnes, et sont montés par 30 à 50 hommes ; ils amènent en outre un assez grand nombre de marins, qui débarquent à Saint-Pierre et se livrent sur les côtes des îles à la petite pêche.

Saint-Pierre arme environ 1.200 embarcations de pêche jaugeant de 5 à 20 tonnes.

La goëlette de pêche, arrivée sur les bancs, établit son mouillage et arme ses embarcations ; elle en compte ordinairement de 6 à 12. Ces embarcations, appelées Doris, sont montées par deux hommes ; elles vont tendre des lignes de fond tous les soirs et les relèvent tous les matins. Les morues sont apportées à bord vidées, décollées et salées ; quand le bâtiment est chargé, il retourne à Saint-Pierre, embarque sa morue sur des courriers, se fournit d'appât ou boëte et retourne sur le banc.

Sur les côtes de Terre-Neuve, la pêche se pratique d'une autre manière. Le bâtiment mouille dans une baie, et les hommes s'établissent à terre dans des huttes ou des cabanes en pierres. Tous les matins, ils partent dans des embarcations et pêchent, soit à la ligne, soit à la seine, filet de 200 mètres de long sur 30 mètres de haut, qui ne peut être manœuvré que par huit hommes au moins. Les morues, après avoir été salées, sont étendues sur des pierres plates et séchées au soleil.

La morue se déplace le long des côtes, en quête de nourriture ; les bâtiments la suivent donc, et ne terminent la pêche qu'à l'automne.

La petite pêche se pratique autour des îles Saint-Pierre et Miquelon. Elle se fait à la ligne au à la faux ; les embarcations, montées par deux ou trois hommes, rentrent chaque soir à terre.

Une question très importante est celle de l'appât ou boëte. D'avril à juin, c'est le hareng qui la fournit ; de juin à juillet, c'est le capelan ; et à partir de juillet, l'encornet, sorte de petite pieuvre. Quand les pêcheurs ne peuvent eux-mêmes prendre de la boëte ou s'en fournir à Saint-Pierre, ils sont forcés d'en acheter à Saint-Jean de Terre-Neuve (possession anglaise), et le gouvernement local y met toutes les entraves imaginables. Cependant, c'est une source de beaux bénéfices pour les habitants de Saint-Jean, car, certaines années, cette dépense a atteint le chiffre de 500.000 francs.

La pêche de la morue occupe environ 7.000 marins, tant des ports de France que de Saint-Pierre-Miquelon.

Une partie des produits de la pêche passe par Saint-Pierre, et, de là, est expédiée en France, dans les colonies ou à l'étranger. Une autre partie, moins considérable, celle qui vient des côtes de Terre-Neuve, est expédiée sans toucher Saint-Pierre.

En 1887, les produits de la pêche centralisés à Saint-Pierre ont été de :

Morue verte	31.543.567 kilog.
Morue sèche	6.425.978
Huile de morue. . . . . . -	513.058
Issues de morue	521.127
Rogues (œufs) de morue	217.670
TOTAL.	39.221.400 kilog.

Les produits expédiés directement, sans toucher Saint-Pierre, atteignent, en outre, une valeur d'environ 3.000.000 de francs.

Il est généralement admis que les deux tiers du produit de la pêche appartiennent à l'armateur, et l'autre tiers à l'équipage.

Dans ce dernier tiers, le patron a.	2 parts 1/2.
Le second.	1 — 1/2.
Le matelot.	1 —
Le novice	2/3 de part.
Le mousse.	1/2 part.

Il est en outre distribué des gratifications quand la pêche a été bonne.

La pêche et la préparation de la morue constituent à peu près la seule industrie de Saint-Pierre-Miquelon. La construction des

petits navires de pêche, surtout celle des doris, est en progrès ;
il en a été construit 200 en 1886.

Il existe à Saint-Pierre deux fabriques d'huile médicinale de
foie de morue.

En 1887, le commerce d'importation à Saint-Pierre a atteint le
chiffre de . . . . 13.746.000 fr.
Et celui d'exportation 18.230.000
Les principaux articles d'importation sont :

Animaux vivants	167.000 fr.
Viandes salées.	500.000
Beurre salé.	380.000
Farineux alimentaires.	1.120.000
Denrées coloniales	1.950.000
Bois.	617.000
Cordages.	411.000
Houille et pétrole	500.000
Ancres, chaînes, ferrements.	283.000
Sel.	192.000
Boissons	132.000
Tissus.	833.000
Approvisionnements pour la pêche (filets, ha- meçons, avirons, liège, boëte, etc.).	1.725.000

La seule denrée d'exportation est le produit de la pêche.

Une grande partie des viandes, beurre, farineux, boissons,
denrées coloniales servent à l'approvisionnement des bâtiments
de pêche : ce sont donc des réexportations.

Nous avons donné plus haut le nombre des navires français
qui se livrent à la pêche ; quant au commerce d'importation, il
se fait pour plus des deux tiers sous pavillon français.

PRIX DU FRET

De Saint-Pierre aux ports de la Manche	40 fr. la tonne.
Id. aux Antilles.	45 fr. —
Id. à New-York	40 fr. —

La monnaie française a seule cours légal dans la colonie ; mais les monnaies étrangères y sont cependant fort nombreuses et reçues dans le commerce.

Il n'y a pas de banque. Aucun arrêté local ne réglemente l'intérêt ; cependant, il dépasse très rarement 6 0/0.

Le budget se solde, en recettes et en dépenses, par la somme de 365.000 francs.

Le petit commerce est prospère ; ses bénéfices sont cependant proportionnés aux résultats de la campagne de pêche.

Les professions manuelles sont bien rémunérées (de 6 à 15 fr. par jour) ; mais pendant l'hiver les travaux sont suspendus, et l'ouvrier doit assurer en été son existence de toute l'année.

La vie matérielle n'est pas beaucoup plus chère qu'en France : un ouvrier peut se bien nourrir moyennant 2 fr. par jour, et il peut se loger pou 2.250 fr. par an.

Les îles de Saint-Pierre-Miquelon ont un bon réseau de routes. On projette un travail fort important, c'est l'approfondissement du port de Saint-Pierre ; il ne pourra se faire qu'avec le concours de la métropole.

La colonie dépense tous les ans 7.000 fr. pour l'instruction publique ; il y a des écoles primaires à Saint-Pierre et à Miquelon.

La taxe d'affranchissement des lettres est de 25 centimes. Les colis postaux ne sont pas admis pour Saint-Pierre-Miquelon.

Ces îles sont le point d'atterrissement d'un câble français et de deux câbles anglais. La taxe du mot de France à Saint-Pierre est de 60 centimes.

Il n'y a pas de paquebots qui touchent à Saint-Pierre ; les passagers et correspondances partent de Queenstown et de Londonderry (Irlande), et sont transportés, soit à Saint-Jean de Terre-Neuve, soit à Halifax (Nouvelle-Ecosse). Un service bi-mensuel a lieu d'Halifax à Saint-Pierre, et un autre, également bi-mensuel, de Saint-Jean à Saint-Pierre.

Il y a, par an, 25 départs de Londonderry et 19 de Queenstown. Les retours se font par la même voie.

TABLE DES MATIÈRES

Bar-le-Duc. — Imp. Schorderet et Cᵉ. — 2084.

www.ingramcontent.com/pod-product-compliance
Lightning Source LLC
Chambersburg PA
CBHW062327070726
47596CB00008B/321